SPASS AM NÄHEN

Tips und Tricks

fürs perfekte Nähen

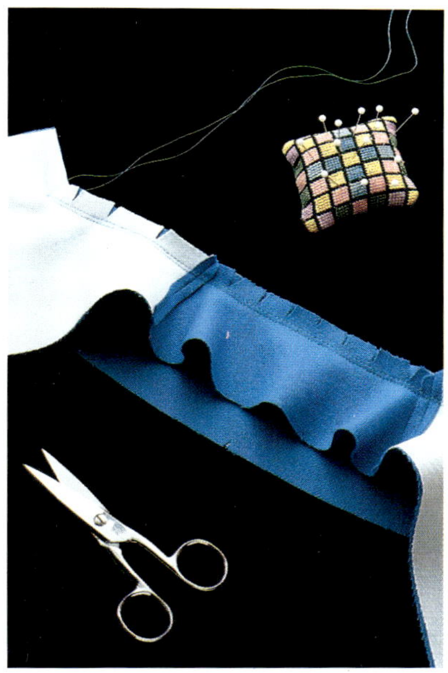

Otto Maier Ravensburg

Inhalt

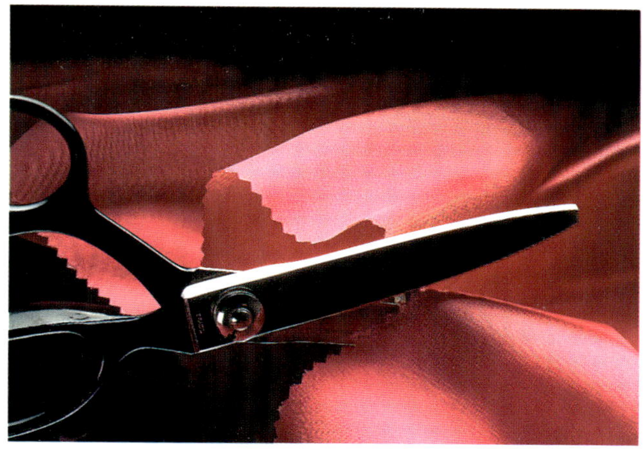

Übersetzung aus dem Englischen: Angelika Steinacker
Redaktionelle Bearbeitung der deutschsprachigen
Ausgabe: Katharina Buss, Angelika Steinacker

Umschlaggestaltung: Ekkehard Drechsel BDG
Satz: Fotosatz Ruderer, Grünkraut
Gesamtherstellung: Himmer, Augsburg
Printed in Germany

97 96 95 4 3

ISBN 3-473-42434-X

Zur Einführung

Dieses Buch ist für alle diejenigen gedacht, die schon einige Erfahrung im Umgang mit Nadel und Faden haben. Ihnen wollen wir helfen, Kenntnisse zu vertiefen und Techniken zu verfeinern. Oft gehört dazu kaum mehr als das berühmte „Gewußt wie“, das Wissen um die kleinen Kniffe, mit denen sich so manches auf den ersten Blick scheinbar unbedeutende, auf Dauer aber enervierende Problem im Handumdrehen aus der Welt schaffen läßt.

Schneidern ist (k)eine Kunst

Machen Sie sich erst einmal mit den in unserem ersten Kapitel angesprochenen Grundlagen des Schneiderns vertraut. Dann werden Sie schnell feststellen, daß auch Profis keine Zauberkünstler sind, sondern daß qualitativ hochwertige und formbeständige Verarbeitung lediglich einige Kenntnisse, etwas Geduld und die Bereitschaft zu etwas arbeitsaufwendigerer Detailarbeit erfordert. Und damit Sie diese neugewonnene Erkenntnis auch gleich praktisch umsetzen können, zeigen wir Ihnen in erster Linie Verarbeitungstechniken, die Sie bei möglichst vielen verschiedenen Kleidungsstücken anwenden können. Den gesamten Komplex des Schneiderns im Rahmen dieses Buches umfassend abzuhandeln, wäre ohnehin nicht zu realisieren. Und uns kam es vor allem darauf an, Ihnen einen Einblick in diese spezielle Art der Verarbeitung zu geben.

Kleine Ursachen, große Wirkung

Auch auf die Gefahr, daß wir uns wiederholen: Es kann nicht oft genug betont werden, wie wichtig das richtige Beschneiden und Bügeln von Nähten und Kanten für Aussehen, Sitz und Paßform eines Kleidungsstücks ist. Und da dieser Teil der Verarbeitung oft nicht ernst genug genommen wird, haben wir ihm in diesem Band noch einmal ein eigenes Kapitel gewidmet. Allerdings läßt sich weder durch korrektes Beschneiden noch durch richtiges Bügeln allein allzuviel ausrichten. Erst durch eine sachgemäße Kombination beider Techniken geben Sie Ihrem Kleidungsstück genau die geraden, glatten und flachen Nähte und Kanten, an denen sich sorgfältige, fachgerechte Verarbeitung schon auf den ersten Blick erkennen läßt.

Original und Kopie

Wer kennt das nicht: Ein gutes altes Stück im Schrank, von dem man sich einfach nicht trennen kann, das es aber nicht mehr nachzukaufen gibt. Was tun? Ganz einfach: Kopieren Sie es, indem Sie den Schnitt „abnehmen“. Sie werden sehen, es ist gar nicht so schwer. Das Prinzip ist im Grunde höchst simpel: Jeder hat wohl schon einmal, zumindest in seiner Schulzeit, eine Münze oder ein schönes Relief mit Bleistift abgerubbelt. So ähnlich funktioniert auch das Abnehmen des Schnitts. Voraussetzung ist allerdings, daß Sie sehr genau arbeiten, sonst wird der Schnitt ungenau, und Sie haben hinterher eine Menge Arbeit damit, das Kleidungsstück wieder korrekt anzupassen.

Der Stoff, aus dem die Träume sind

Spitzen, Pailletten, Samt – traumhaft schöne Stoffe, die Versuchung schlechthin, doch leider schwierig zu verarbeiten. Wirklich? Wir beweisen Ihnen, daß dieses Vorurteil nicht stimmt. Auch diese „schwierigen“ Stoffe bereiten normalerweise keine großen Probleme, vorausgesetzt, daß ihre Eigenheiten bei der Verarbeitung gebührend berücksichtigt werden. Zweifellos müssen alle diese Stoffe sehr sorgfältig behandelt werden, und hin und wieder wird beim Zuschneiden, Steppen oder Bügeln der eine oder andere zusätzliche Arbeitsgang erforderlich. Alles in allem aber ist die Verarbeitung in der Regel nicht schwieriger als bei vielen „normalen“ Stoffen.

„F“ wie Fälschung

Täuschend echt, genauso schön gezeichnet, so weich und kuschelig warm und dazu noch für einen Bruchteil dessen zu haben, was die Originale kosten. Die Rede ist von Pelzen, allerdings von solchen, für die – der modernen Textilindustrie sei Dank – kein Tier mehr seine Haut zu Markte tragen muß. Webpelze sind zudem auch noch pflegeleicht und, wenn dabei einige wenige Grundregeln beachtet werden, fast genauso einfach zu verarbeiten wie andere Stoffe. Sie glauben es nicht? Lassen Sie sich überzeugen!

Pullover vom Meter

Strickstoffe sind ein Kapitel für sich. Und ein schwieriges dazu, denn diese Stoffe sind nun wirklich nicht einfach zu verarbeiten, es sei denn, Sie sind glückliche Besitzerin einer Overlock. Mit einer normalen Nähmaschine dagegen bedarf es schon einiger Übung, um einwandfreie Nähte und Kanten zu produzieren, die sich weder wellen noch kräuseln. Aber die Mühe lohnt sich, denn kaum ein anderes Material läßt sich so universell einsetzen wie Strickstoff. Außerdem lassen sich Strickstoffe dank ihrer Elastizität sehr leicht anpassen und sind überdies ausgesprochen angenehm zu tragen, da sie jede Bewegung bereitwillig mitmachen. Und so ein Pullover vom Meter ist fast so schön wie handgestrickt...

Einführung in die klassischen Schneidertechniken

... am Beispiel eines Blazers

Der Blazer gehört zu den wenigen wirklich zeitlosen Kleidungsstücken, die seit Jahrzehnten ihren modischen Stellenwert behaupten und auch in Zukunft wohl kaum aus der Mode kommen werden. Doch auch an diesem klassischen Modell sind die Einflüsse wechselnder Modeströmungen nicht spurlos vorübergegangen. Und so gibt es neben dem Urmodell der klassischen Clubjacke mittlerweile zahllose Varianten mit immer neuen, interessanten Verarbeitungsdetails.

Die Auswahl ist groß, und bevor Sie einen Schnitt kaufen, sollten Sie sich zunächst einen Überblick über die wichtigsten Trends der aktuellen Mode verschaffen. Stöbern Sie nach Herzenslust in Zeitschriften, Versandhauskatalogen, Boutiquen und Warenhäusern. Da die Verarbeitung eines nach klassischen Techniken geschneiderten Blazers eine Menge Zeit, Arbeit und Geld (!) kostet, sollten Sie sich letztendlich jedoch für ein Modell entscheiden, das Sie voraussichtlich auch in den nächsten Jahren noch tragen können. Schnitt wie Stoff sollten vor allem Ihrer Figur schmeicheln und vorhandene Garderobe sinnvoll ergänzen.

Für erste Gehversuche in der klassischen Schneiderei, oder wenn Sie wenig Zeit für das Nähen erübrigen können, sollten Sie Modelle wählen, bei denen Sie mit einfachen Techniken auskommen. So werden Sie mit einem Schalkragen bestimmt besser zurechtkommen als mit dem komplizierteren Reverskragen; Raglanärmel wiederum sind leichter zu verarbeiten als ein klassischer Zwei-Naht-Ärmel und eine aufgesetzte Tasche einfacher als Leisten- oder Paspeltaschen.

Beispiele schneidertechnischer Verarbeitung

Reverskragen wirken strenger und formeller als ein eher weichfallender Schalkragen.

Nahtzugaben müssen exakt beschnitten und gebügelt werden.

Aufgesetzte Taschen verleihen Blazern einen sportlich-lässigen Charakter. Sie lassen sich praktisch überall einsetzen, auch als vergleichsweise einfach zu arbeitende Alternative zu aufwendigen Leisten- oder Paspeltaschen.

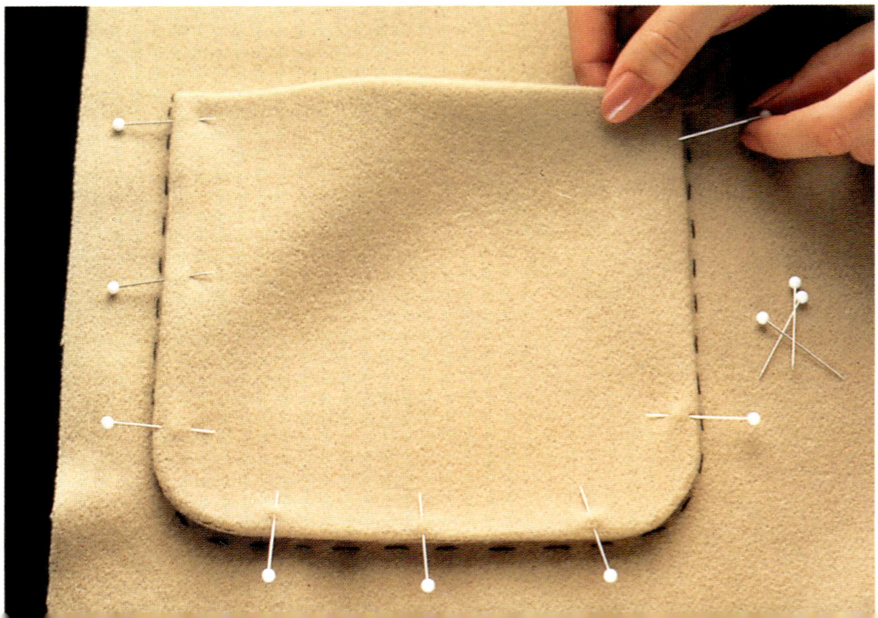

Zwei-Naht-Ärmel sitzen deutlich besser als einteilige, vor allem über den Ellbogen.

Eine spezielle Nahtverarbeitung, wie hier an der rückwärtigen Mittelnaht und den Ärmelnähten, sorgt für klare Linien und besseren Sitz.

Kragen und Revers liegen akkurat auf, wenn die Rollweite richtig bemessen ist.

Vollfutter ist eine wichtige Voraussetzung für dauerhafte Formbeständigkeit. Auch wenn Futter beim Schnitt nicht ausdrücklich vorgesehen ist, sollte es bei geschneiderten Kleidungsstücken immer eingearbeitet werden.

Ärmel- und Rückenschlitze sind klassische Bestandteile der Schneiderei.

Ein paar Anmerkungen vorab

Oft trauen sich Hobbynäherinnen an die klassischen Schneidertechniken nicht heran, da sie glauben, das sei zu umständlich, zu aufwendig und zu schwierig und überhaupt nur etwas für Profis. Dabei geht es im Grunde um nichts anderes, als die bereits erlernten Techniken auszubauen und zu verfeinern, was letztendlich vor allem der Paßform zugute kommt.

Aber keine Angst! Wir haben auch nicht die Absicht, Sie zu perfekten Schneiderinnen auszubilden. Wir wollen Ihnen lediglich zeigen, worauf es beim Schneidern ankommt, wie sich diese speziellen Techniken vom „normalen Nähen" unterscheiden und welchen Zweck sie erfüllen. Dafür erschien uns das Beispiel eines Blazers geradezu ideal, da Sie die hier angewandten Techniken auch bei anderen Kleidungsstücken einsetzen können.

Schneidern erfordert zugegebenermaßen mehr Sorgfalt und Geduld. Das beginnt schon beim Kauf der Materialien. Achten Sie vor allem auf Qualität. Denn ein Kleidungsstück, das Sie mit so viel Zeit- und Arbeitsaufwand verarbeitet haben, soll natürlich auch möglichst lange in Bestform bleiben. Gut geeignet sind alle fest gewebten Stoffe, die sich gut formen lassen, wie etwa Kammgarn, Tweed, Leinen oder schwere Seide.

Auch beim Schneidern brauchen Sie nicht unbedingt auf die liebgewonnene Bügeleinlage zu verzichten, vorausgesetzt natürlich, sie erfüllt den gewünschten Zweck. In vielen Fällen aber sind Haareinlagen besser geeignet, schon deshalb, weil sie sich nach Belieben formen lassen. Haareinlagen bestehen aus einer Mischung aus Wolle, Ziegen- oder Roßhaar und Baumwolle oder Viskose und sollten möglichst fest gewebt sein. Ein hoher Wollanteil macht die Einlage weich und leicht formbar, während der Haaranteil dafür sorgt, daß die Einlage formstabil bleibt und gut am Oberstoff haftet.

Als Futter sollten Sie einen möglichst glatten, seidenartigen Stoff wählen, der sich leicht überstreifen läßt, gleichzeitig aber auch fest genug ist, um der Beanspruchung durch normales Tragen gewachsen zu sein.

Reihenfolge der Arbeitsgänge bei einem Blazer

Unterkragen formen.

Vorderteile gegebenenfalls mit Bügeleinlage verstärken und formen.

Taschen aufsetzen oder einarbeiten.

Paspelknopflöcher arbeiten.

Vorderteile mit Haareinlage verstärken und formen.

Rückenteil verstärken.

Schulternähte formen. Zu einer ersten Anprobe eventuell schon jetzt die Seiten- und Teilungsnähte heften oder auch fertigsteppen.

Raglanärmel gegebenenfalls jetzt einsetzen.

Revers- oder Schalkragen arbeiten.

Seiten- und Teilungsnähte steppen.

Eingesetzte Ärmel einsteppen.

Schulterpolster unternähen.

Säume und Schlitze arbeiten.

Futter arbeiten und einnähen.

Maschinelle Knopflöcher einarbeiten.

Knöpfe oder überzogene Druckknöpfe anbringen.

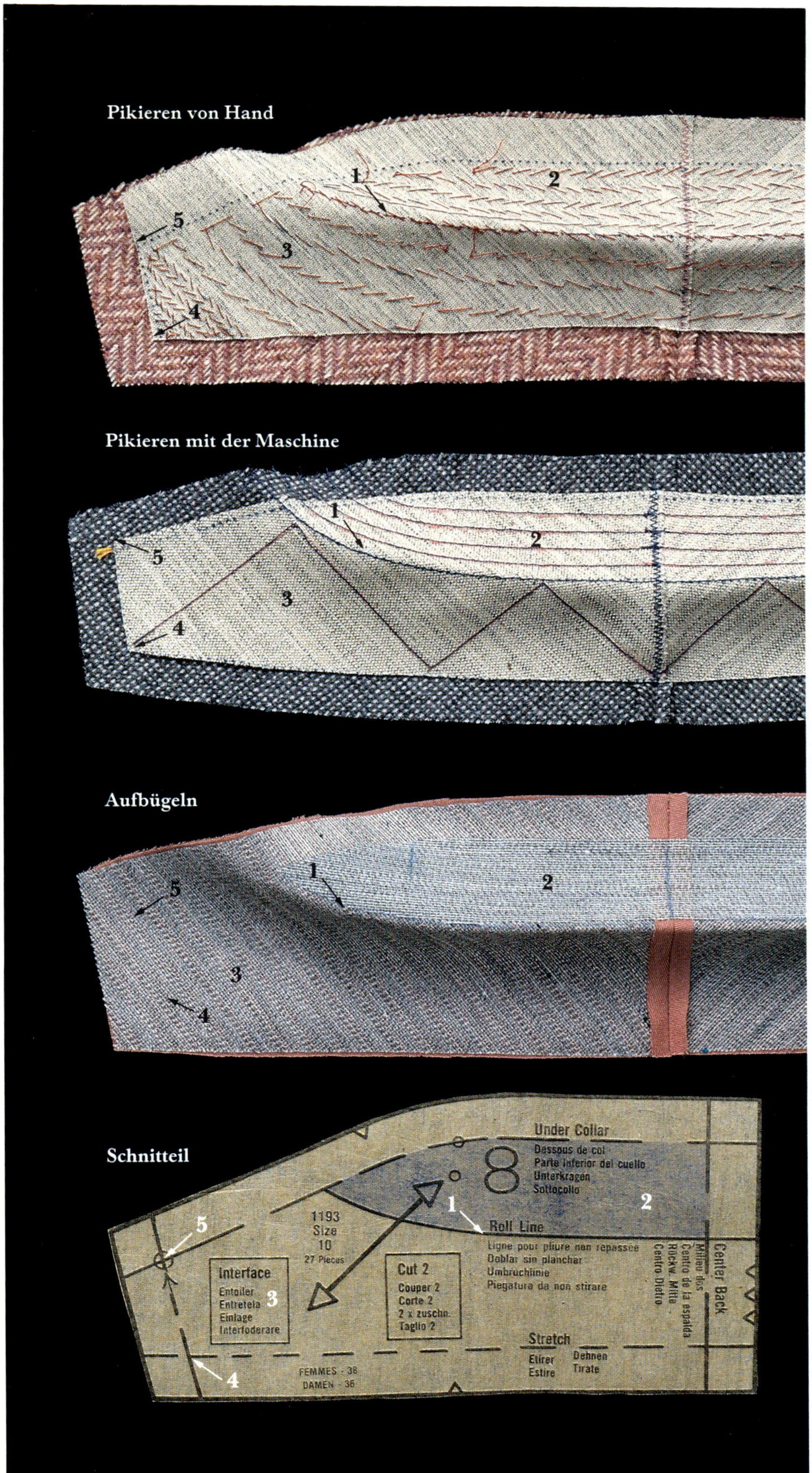

Den Unterkragen ausformen

Die Einlage verleiht dem Unterkragen Form und Festigkeit. Schließlich soll er später einmal das ganze Gewicht des Oberkragens tragen. Doch zuerst wollen wir uns den Unterkragen einmal genauer ansehen.

Die in einer leichten Kurve verlaufende Rollinie (**1**) trennt den angeschnittenen Steg (**2**) vom eigentlichen Kragenteil (**3**). Der Steg sollte so geformt werden, daß er sich der rückwärtigen Rundung des Halses anpaßt und den hinteren Teil des Kragens in der gewünschten Höhe hält. Das Kragenteil wiederum soll sich an der Rollinie rund nach außen umlegen, und zwar so, daß die nach unten gerichteten Kragenspitzen (**4**) leicht schräg auf die Vorderteile treffen. Die Stelle, an der Kragen und Revers aufeinandertreffen, nennt man die Reversecke (**5**).

Anbringen können Sie die Einlage durch Aufbügeln oder Pikieren. Für welche Technik Sie sich letztlich entscheiden, hängt nicht nur von der Art des Stoffes ab, sondern auch von der Zeit, die Ihnen für die Näharbeit zur Verfügung steht. Da aber der Unterkragen ein vergleichsweise kleines Teil ist, ist dies eine gute Gelegenheit, die Technik des Pikierens auszuprobieren.

Wenn Sie der Bügeleinlage den Vorzug geben, sollten Sie die Einlagequalität nach Art und Schwere des Oberstoffs sowie nach dem Grad der gewünschten Steifheit wählen.

Wenn Sie sich dagegen für das Pikieren entscheiden, sollten Sie eine Haareinlage wählen. Beim Pikieren von Hand wird die Einlage mit wechselnden Reihen in jeweils entgegengesetzter Richtung gearbeiteter Pikierstiche auf dem Oberstoff befestigt. Beim maschinellen Pikieren geschieht dies mit Hilfe von Gerad- oder Zickzacknähten.

Nach dem Aufbügeln oder Pikieren wird der Kragen über einem Bügelkissen sorgfältig in die gewünschte Form gedämpft.

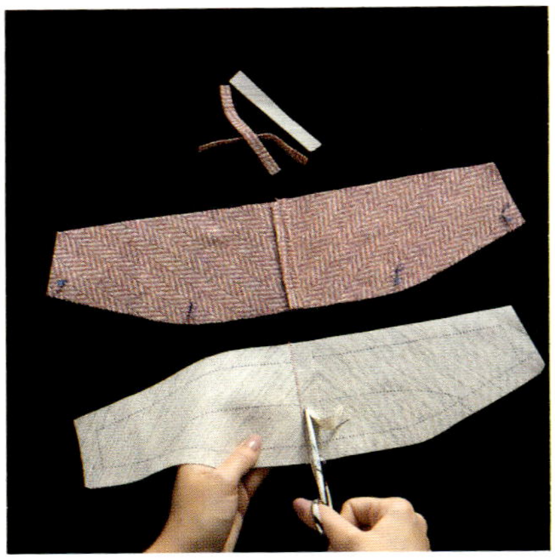

1) **Unterkragen** und Einlage markieren. Unterkragennaht steppen, beschneiden, ausbügeln. Einlage mit Zickzackstichen überlappend aufeinandersteppen, Zugaben abschneiden.

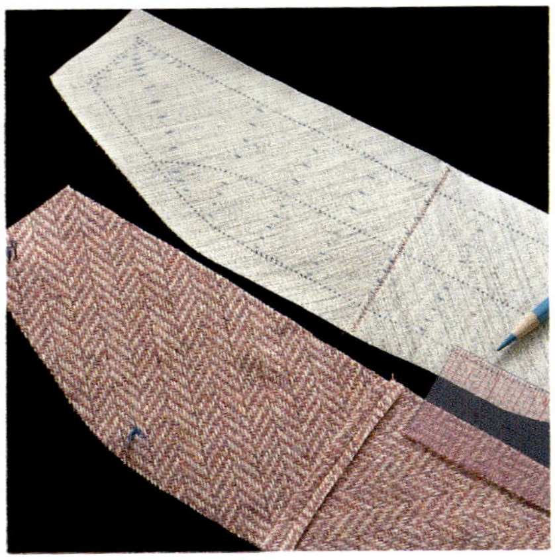

2) **Auf der Einlage** die Pikierlinien einzeichnen, im Stegteil im Abstand von 6 mm, im Kragenteil im Abstand von 1 cm, an den Kragenspitzen dicht nebeneinander. Alternativen unten.

3) **Die Einlage** links auf links auf den Unterkragen stecken und an der Rollinie zwischen den Nahtzugaben festheften.

4) **Die Einlage** an Rollinie und Pikierlinien mit kurzen Schrägstichen bis ca. 3 mm vor den Nahtlinien aufheften, dabei den Stoff leicht über den Zeigefinger rollen.

5) **Damit** die Einlage nicht in die Nähte gefaßt wird, die Nahtzugaben knapp innerhalb der Nahtlinien abschneiden. Vorsicht: Nicht die Pikierstiche aufschneiden!

6) **Den Kragen** an der Rollinie umlegen, auf ein Bügelkissen stecken und ausgiebig in Form dämpfen. Vor dem Abnehmen vollständig trocknen lassen.

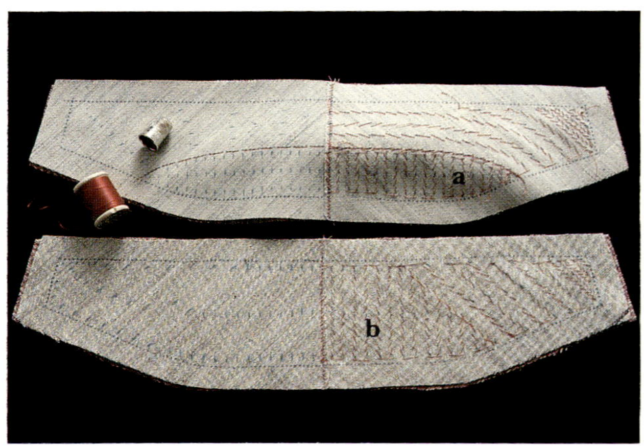

Alternativen: Für steife Stege **(a)** die Steglinien rechtwinklig zur Rollinie markieren. Wird der Kragen hinten hochgeschlagen **(b)**, die Rollinie auslassen, die Linien im *hinteren* Kragen parallel zur Mittelnaht einzeichnen.

Einen Unterkragen mit der Maschine pikieren

1) **Die Pikierlinien** im Stegteil im Abstand von 6 mm, sonst im Längs- und Querfadenlauf zickzackförmig einzeichnen. Einlage an der Halskante 1,2 cm breit, an den übrigen Kanten knapp innerhalb der Nahtlinien zurückschneiden. Einlage an der Rollinie feststeppen.

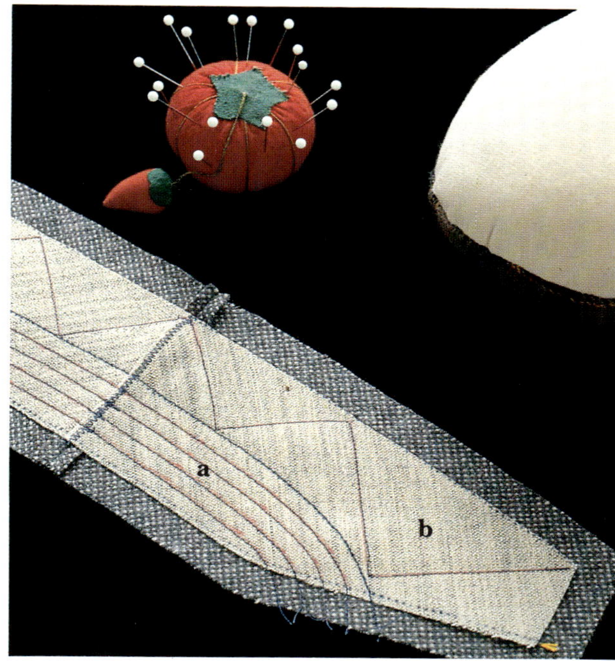

2) **Die Einlage** in Steg- (**a**) und Kragenbereich (**b**) jeweils von der rückwärtigen Mitte zu den Außenkanten hin entlang der eingezeichneten Linien feststeppen. Danach den Kragen in Form dämpfen (siehe S. 14, Punkt 6).

Einen Unterkragen mit Bügeleinlage verstärken

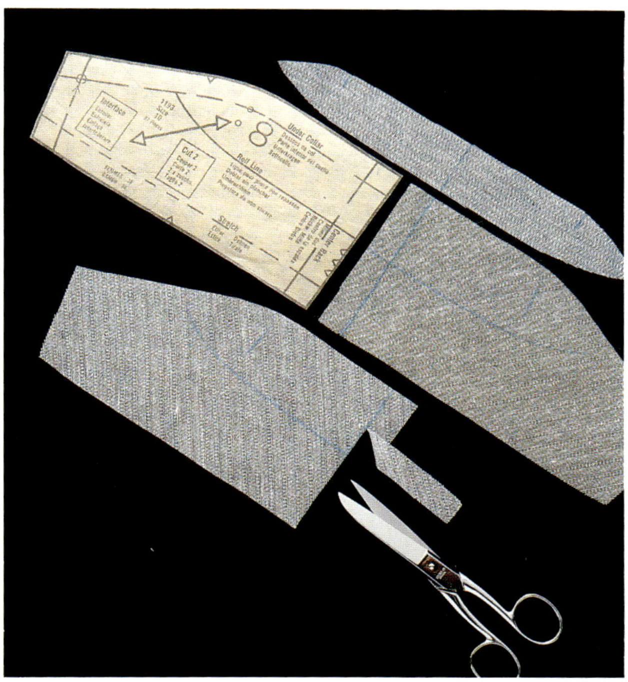

1) **Die Bügeleinlage** nach dem Schnitt zuschneiden. Die Schnittmarkierungen auf die rechte Seite übertragen. Die Nahtzugaben der Mittelnaht abschneiden. Einen Streifen Bügeleinlage in Form des Stegteils im Querfadenlauf ohne Nahtzugaben zuschneiden.

2) **Die Einlage** auf den Unterkragen bügeln. Die Mittelnaht steppen. Die Zugaben auf 6 mm zurückschneiden und auseinanderbügeln. Danach den Einlagestreifen auf das Stegteil bügeln. Zum Schluß den Kragen in Form dämpfen (siehe S. 14, Punkt 6).

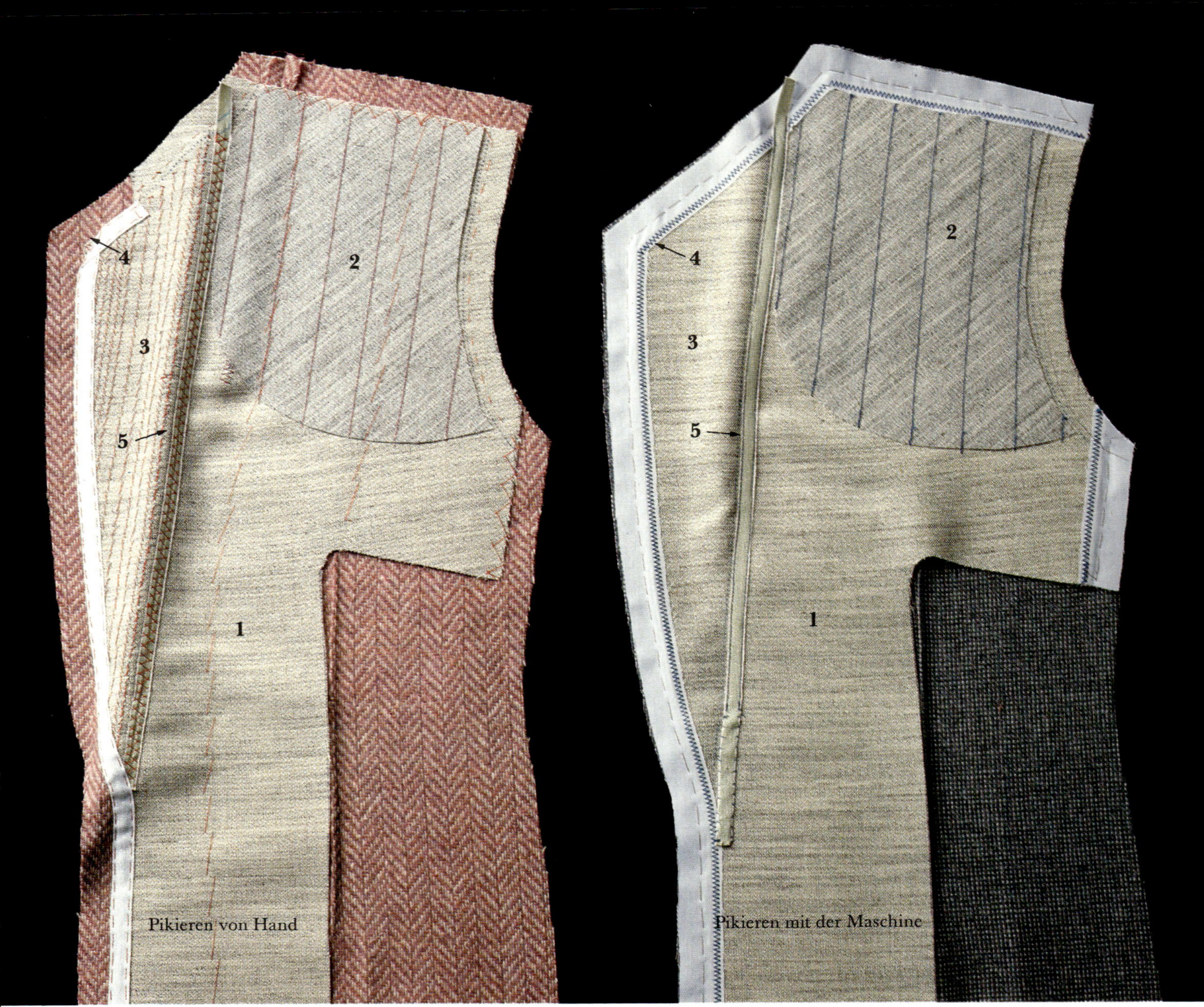

Die Vorderteile ausformen

Einlage und zusätzliche Teilverstärkungen geben den Vorderteilen Form und Volumen und tragen wesentlich dazu bei, die gute Paßform eines Kleidungsstücks auf Dauer zu erhalten. Sowohl Einlage wie Schulterverstärkung werden nach dem Schnitteil zugeschnitten und durch Pikieren oder Aufbügeln mit dem Oberstoff verbunden.

Die Vorderteil-Einlage (**1**) sorgt dafür, daß das Vorderteil glatt anliegt und gerade fällt und die Taschen sicheren Halt finden. Durch die Schulterverstärkung (**2**) wird der obere Bereich der Vorderteile zwischen Schulter und Brust zusätzlich gestützt.

Die vorderen Kanten im oberen Bereich der Vorderteile, die als Revers (**3**) nach außen umgeschlagen werden, sollten besonders sorgfältig ausgeformt werden, denn das fertige Revers soll sich später an der Bruchlinie glatt umlegen lassen und die Reversspitzen (**4**) leicht gerundet auf das Vorderteil treffen. Damit das Revers flach anliegt und auch bei stärkerem Busen nicht unangenehm sperrt, empfiehlt es sich, die Reversbruchlinie (**5**) mit Naht- oder Kantenband zu verstärken.

Wenn Sie sich für das Pikieren von Hand entscheiden, sollten Sie, vor allem bei locker gewebten Stoffen, auch die übrigen Vorderkanten mit Kantenband stabilisieren.

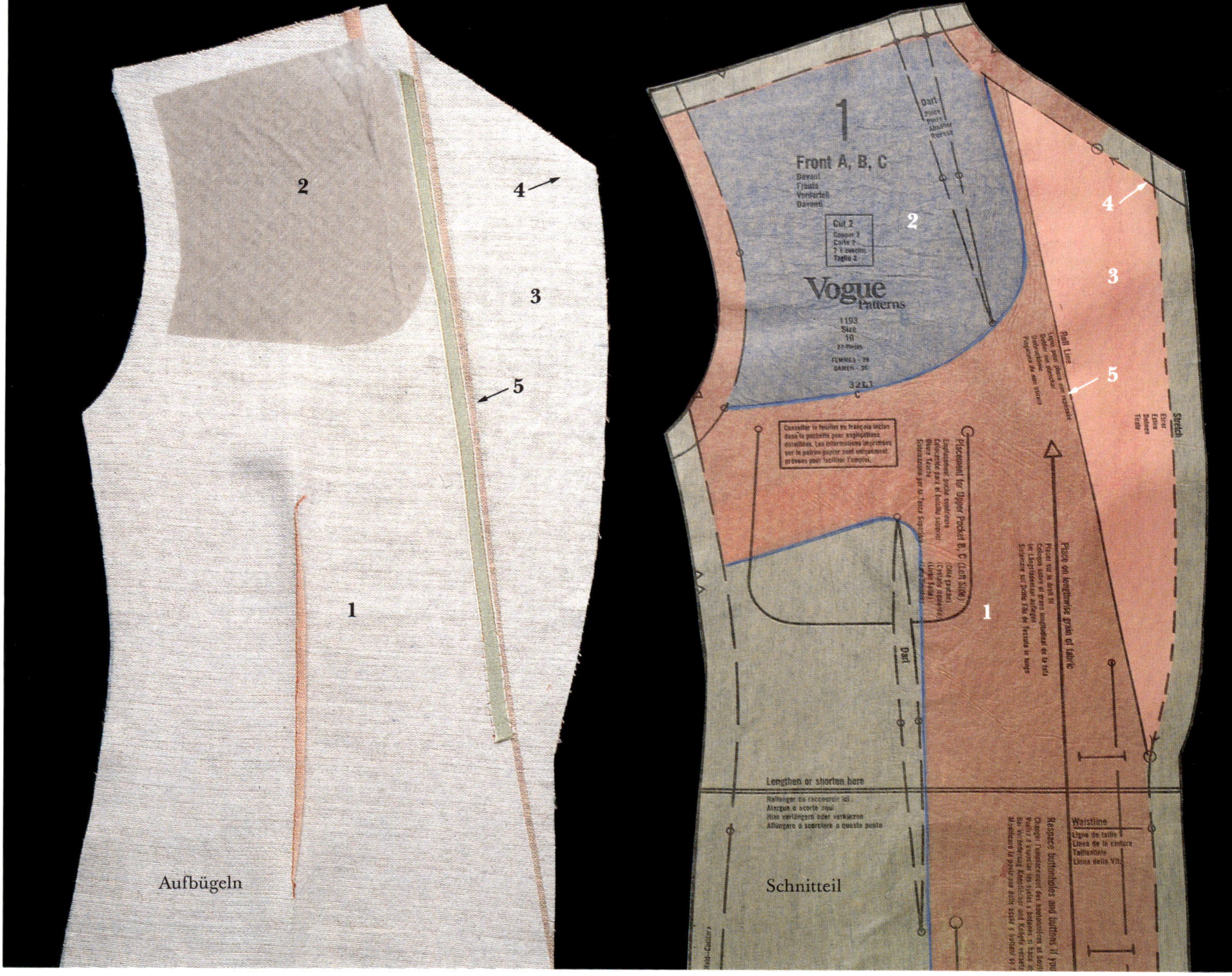

Ein Vorderteil von Hand pikieren

1) **Die Haareinlage** nach dem Vorderteilschnitt zuschneiden. Nahtlinien, Abnäher und Rollinie markieren. Die Schulterverstärkung aus leichter Haareinlage zuschneiden.

2) **Die Pikierlinien** im Revers einzeichnen: je eine beidseitig der Bruchlinie (Pfeil) im Abstand von 3 mm, die folgenden im Abstand von 6 mm, danach zur Reversspitze hin dicht nebeneinander.

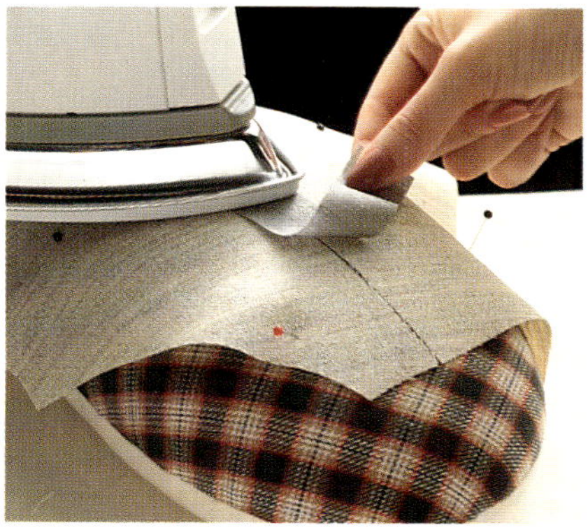

3) **An den Abnähern** die Einlage keilförmig ausschneiden. Die Abnäherkanten aneinanderlegen, mit 2,5 cm breitem, aufbügelbarem Einlageband festheften und mit Zickzackstichen aneinandersteppen.

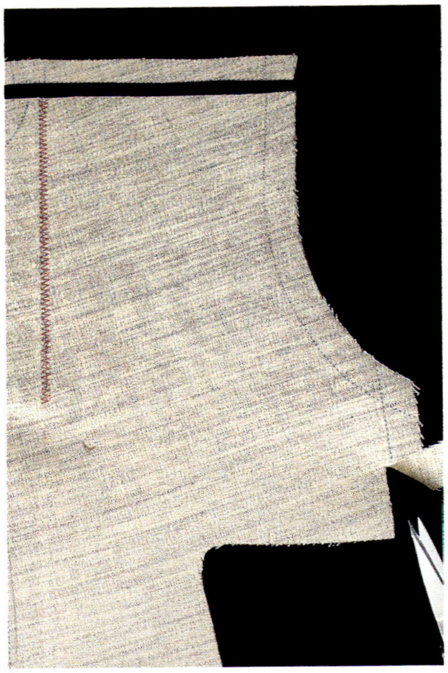

4) **Die Nahtzugaben** der Seiten- und Schulternähte 3 mm innerhalb der Nahtlinien abschneiden, damit die Haareinlage nicht mit in die Nähte gefaßt wird. An den Ärmelansatznähten bleiben die Zugaben dagegen als „Ärmelstütze" erhalten.

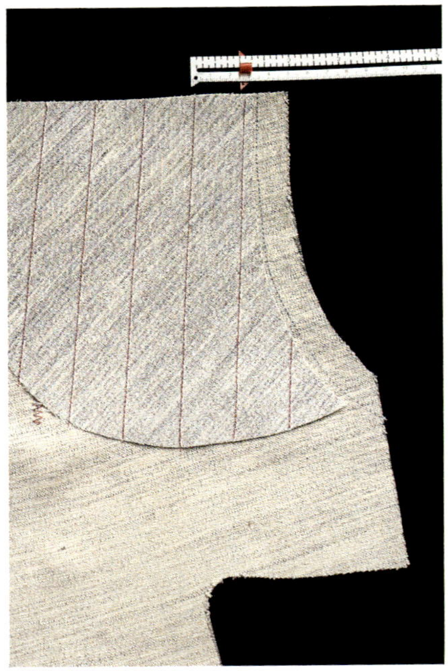

5) **Auf der Schulterverstärkung** in 2,5 cm Abstand die Pikierlinien einzeichnen. Dann die Schulterverstärkung entlang der eingezeichneten Linien auf die Vorderteil-Einlage heften. Die Einlage mit schrägen Pikierstichen so aufheften, daß…

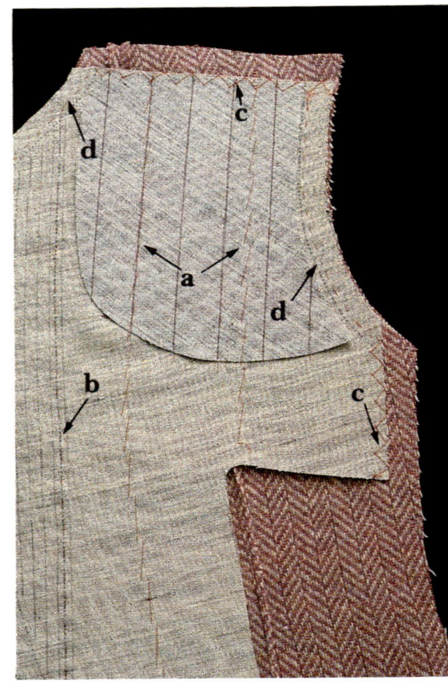

6) …**Nahtkerben** und Bruchlinien aufeinandertreffen. Am Reversbruch (**b**) alle Stofflagen mitfassen. Einlage an Schulter- und Seitennähten mit Hexenstichen (**c**), an den Ausschnittkanten 5 mm von der Nahtlinie entfernt mit Heftstichen annähen (**d**).

7) **Naht- oder Kantenband,** 1 cm breit, auf Reversbruchlänge zuschneiden, 3 mm innerhalb des Bruchs auflegen, das untere Ende feststecken. Am oberen Ende die Halsnaht markieren, 6–12 mm in die Nahtzugabe hineinziehen und feststecken.

8) **Das restliche Band** feststecken, dabei das Vorderteil im Brustbereich auf Bandlänge einhalten. Das Band mit Hexenstichen oder hohlen Staffierstichen aufheften, dabei nur 1–2 Gewebefäden des Oberstoffs mitfassen.

9) **Revers** bis 3 mm vor die Nahtlinien pikieren, dabei leicht über den Zeigefinger abrollen. Auf dem Bruch und der nächsten Linie 3 mm lange, dann 6 mm lange Stiche arbeiten. An der Reversspitze stärker einrollen und die Stichlänge verkürzen.

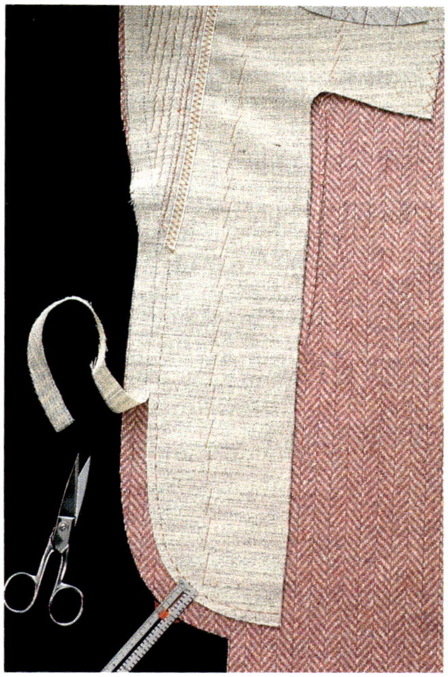

10) Danach die Einlage, 2,5 cm von der Schnittkante entfernt, vom Reversbruch bis zur Saumlinie mit Heftstichen befestigen. Zwischen Reversecke und Saumlinie die Einlage 2 cm von der Schnittkante des Vorderteils zurückschneiden.

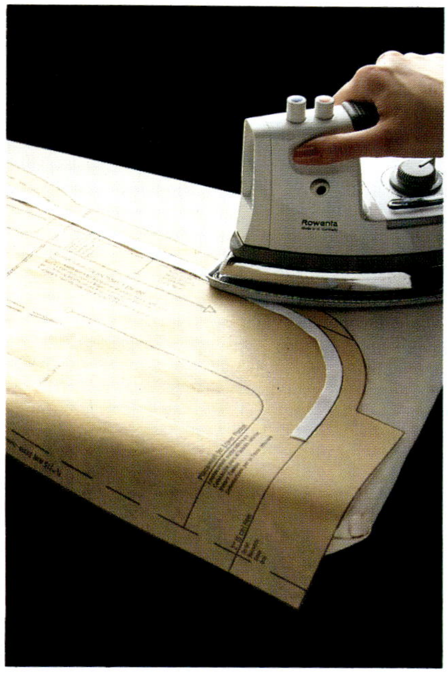

11) Das Vorderteil zwischen Reversecke und Saumlinie ausmessen. 1 cm breites Naht- oder Kantenband zuschneiden und an den Rundungen dem Schnitt entsprechend in Form bügeln.

12) Das Band von der Saumlinie bis zum Reversbruch entlang der Nahtlinie über die Einlagekante stecken. Am Bruch das Revers zum Vorderteil hin umlegen, damit das Band genügend Rollweite erhält und das Revers später nicht sperrt.

13) Dann das Band bis zur Reversecke auf die Reverskante stecken, an der Spitze umklappen. Ein zweites Band genauso auf das andere Vorderteil stecken. Beide Vorderteile auf gleiche Länge und Rollweite überprüfen und gegebenenfalls korrigieren.

14) Mit Heftstichen oder hohlen Staffierstichen das Band beidseitig befestigen.

15) Ein feuchtes Frotteehandtuch zu einer ca. 1,2 cm dicken Bügelunterlage zusammenlegen und unter das umgelegte Revers schieben. Den Reversbruch dämpfen, aber keinen scharfen Knick einbügeln! Über Nacht trocknen lassen.

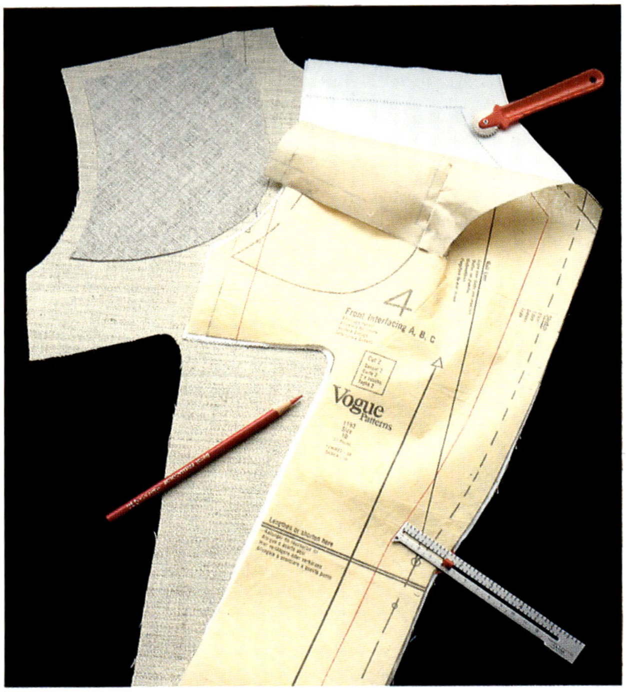

1) **Die Vorderteil-Einlage** und die Schulterverstärkung aus Haareinlage zuschneiden. An den Seiten-, Schulter-, Halsausschnitt- und Vorderkanten des Einlageschnitts 3,8 cm breite Randstreifen einzeichnen und aus festem Baumwollstoff zuschneiden.

2) **Die Schulterverstärkung** auf die Vorderteil-Einlage heften (S. 18, Punkt 5). Die Kantenstreifen mit Zickzackstichen oder einer doppelten Geradstichnaht 2 cm von den Schnittkanten entfernt aufsteppen und die Einlage bis dicht an die Naht zurückschneiden.

3) **Die inneren Kanten** der Streifen danach bis an die Naht zurückschneiden. Nun die fertige Einlage 1,3 cm von den Außenkanten entfernt auf das Vorderteil heften.

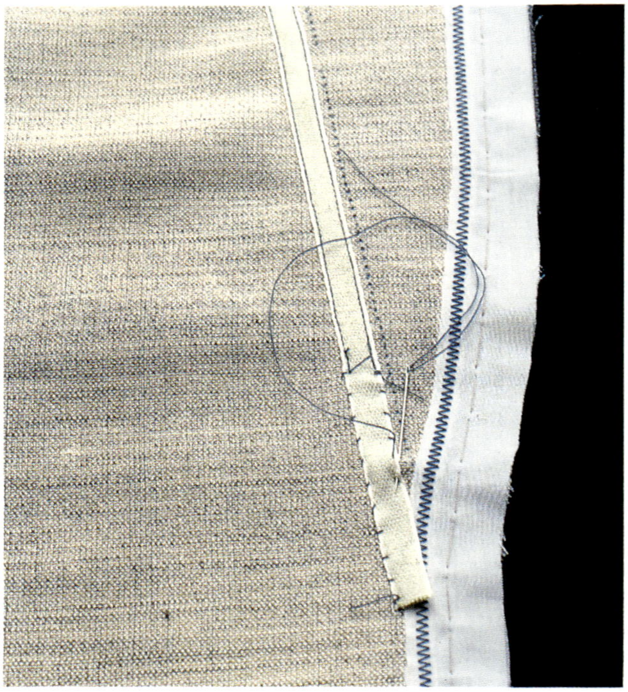

4) **Naht- oder Kantenband** aufstecken (S. 18, Punkt 7 und 8) und beidseitig bis 5 cm vor das untere Ende der Reversbruchlinie aufsteppen. Das restliche Band mit Hexenstichen oder hohlen Staffierstichen so aufnähen, daß die Stiche von rechts nicht zu sehen sind.

1) **Die Bügeleinlage** zuschneiden. Die Abnäher entlang der Nahtlinien keilförmig ausschneiden.

2a) **Scharfer Reversbruch:** Die Einlage an der Bruchlinie durchschneiden. Das größere Teil an der Bruchlinie 3 mm zurückschneiden. Beide Teile aufbügeln.

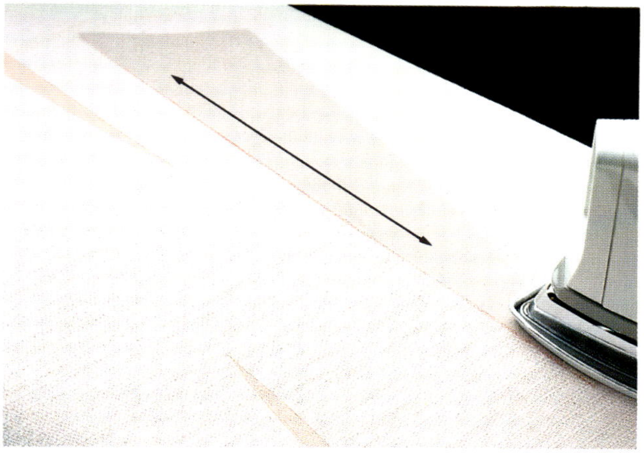

2b) **Weicher Reversbruch:** Eine zusätzliche Einlage für das Reversteil so zuschneiden, daß die Bruchlinie im Längsfadenlauf liegt. Das Reversteil auf die Vorderteil-Einlage bügeln.

3) **Die Bruchlinie** nach Bedarf mit Naht- oder Kantenband verstärken (S. 18, Punkt 7 und 8; S. 20, Punkt 4).

4) **Die Schulterverstärkung** ebenfalls aus Bügeleinlage zuschneiden und auf die Vorderteil-Einlage bügeln.

5) **Den Reversbruch** eindämpfen, wie auf Seite 19 unter Punkt 15 beschrieben.

Rückenteil und Schulternähte ausformen

Beim Rückenteil genügt meist eine leichte Verstärkung des Schulterbereichs. Denn hier kommt es hauptsächlich darauf an, die bewegungsbedingte Beanspruchung des Oberstoffs über den Schulterblättern aufzufangen.

Für die rückwärtige Verstärkung können Sie feste Webeinlage oder auch einen ganz normalen, fest gewebten Baumwollstoff verwenden. Da die Verstärkung hier in der Regel mit in die Nähte gefaßt wird, entfällt – ausgenommen bei kragenlosen Modellen – auch die bei den Vorderteilen erforderliche Stabilisierung der Außenkanten durch Naht- oder Kantenband.

Die Schulternähte sollten allerdings in jedem Fall durch Nahtband verstärkt werden, da sie sich sonst beim Steppen zu leicht ausdehnen. Die aufgrund der rückwärtigen Schulterrundung angeschnittene Mehrweite des Rückenteils wird an den Schulterkanten eingehalten und muß schon beim Ausformen der Schulternähte berücksichtigt werden. Der durch diese Mehrweite bedingte leicht kurvenförmige Verlauf der Nähte fällt beim fertigen Blazer kaum noch auf, ist jedoch eine wichtige Voraussetzung für den guten Sitz in diesem Bereich.

Eine rückwärtige Schulterverstärkung anbringen

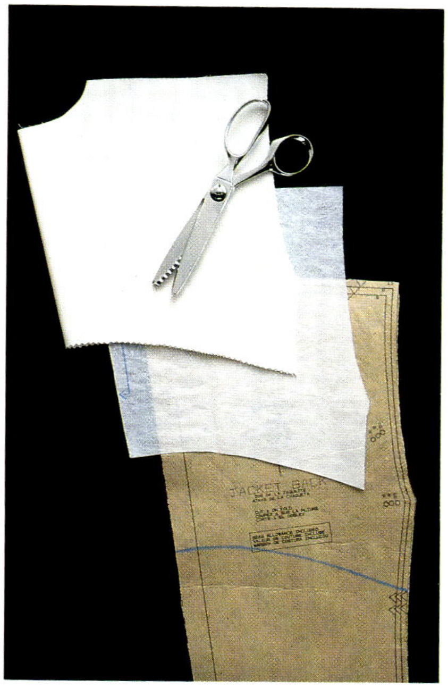

1) **Die Verstärkung** nach Schnitteinzeichnung zuschneiden. Die Nähte und Abnäher überlappend schließen (siehe S. 14, Punkt 1). Die untere Kante mit der Zackenschere versäubern.

2) **Nähte** und Abnäher im Rückenteil schließen. Eventuell den Saumschlitz arbeiten. Die Verstärkung auf das Rückenteil legen und an den Hals- und Armausschnittkanten sowie den Seitennähten festheften.

Kragenlose Modelle: Naht- oder Kantenband 1,2 cm von der Schnittkante entfernt auf den Ausschnitt legen, an der Außenkante in kurzen Abständen einknipsen und mit Staffierstichen *auf die Verstärkung* heften.

Die Schulternaht ausformen

1) **Die Nahtkanten** rechts auf rechts stecken, die rückwärtige Kante leicht einhalten. Nahtband auf die Länge der vorderen Nahtlinie zuschneiden. Ein Ende 6 mm (bei stark gerundeten Schultern 1 cm) breit markieren.

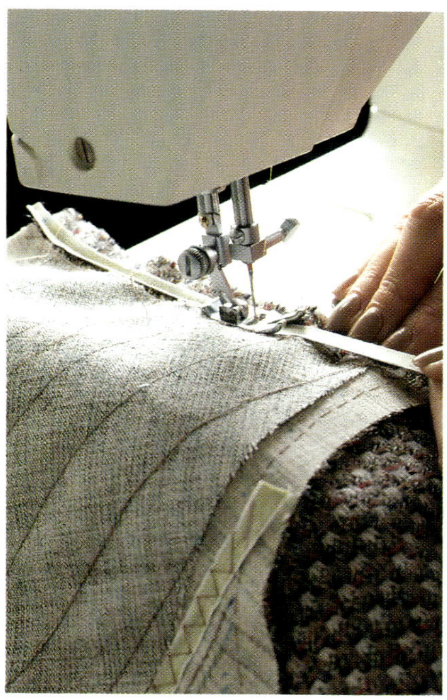

2) **Das Band** so über die vordere Nahtlinie stecken, daß die Markierung auf eine Schnittkante trifft, die Überweite der rückwärtigen Kante gleichmäßig verteilen. Die Naht schließen. Die Nahtenden verriegeln.

3) **Die rückwärtige Verstärkung** bis dicht an die Naht zurückschneiden. Die Nahtzugaben über einem Bügelkissen auseinanderbügeln, dabei die Nahtkurve ins Vorderteil gerichtet bügeln.

Einen Reverskragen arbeiten

Auch wenn für Oberkragen und Besätze keine Einlage vorgesehen ist, sollten Sie zumindest eine leichte Bügeleinlage anbringen, um den Oberstoff zu festigen und die Kanten formstabil zu halten. Eine solche Einlage erleichtert auch das Ansetzen an Vorderteile und Unterkragen, da dadurch alle Teile ähnliche Festigkeit haben und beim Steppen nicht so leicht verrutschen. Zudem lassen sich die eingeschlossenen Nahtzugaben durch die zusätzliche Stofflage leichter kaschieren.

Aufbügelbare Jersey-Einlage und leichte aufbügelbare Webeinlagen sorgen für sanfte Formgebung, ohne gleichzeitig zu stark aufzutragen. Testen Sie die Wirkung beider Qualitäten auf Stoffresten und prüfen Sie, welche Stoff und Stil des Blazers am vorteilhaftesten zur Geltung bringt. Bei mittelschweren Stoffen kann die Einlage mit in die Nähte gefaßt werden. Bei schweren Stoffen empfiehlt es sich, die Nahtzugaben der Einlage vor dem Aufbügeln abzuschneiden.

In der Regel wird Jersey-Einlage für Besätze und Oberkragen im Längsfadenlauf (= Maschenlaufrichtung), Webeinlage dagegen für die Besätze im Längsfadenlauf und für den Oberkragen in der echten Schräge zugeschnitten. Dadurch ist gewährleistet, daß sich der Kragen später weich „umrollen" läßt. Ein eventuell vorgesehener rückwärtiger Halsausschnittbesatz wird grundsätzlich ohne Einlage verarbeitet.

1) **Die Einlage** für den Oberkragen und die vorderen Besätze nach den Angaben auf S. 24 zuschneiden und aufbügeln. Die Teile vor der Weiterverarbeitung gründlich auskühlen lassen.

2) **Eventuell** rückwärtige und vordere Besätze aneinandersteppen. Zugaben ausbügeln; auf 6 mm zurückschneiden. Auf der Halskante eine Stütznaht steppen. An den Kragenansatzzeichen die Zugaben einknipsen.

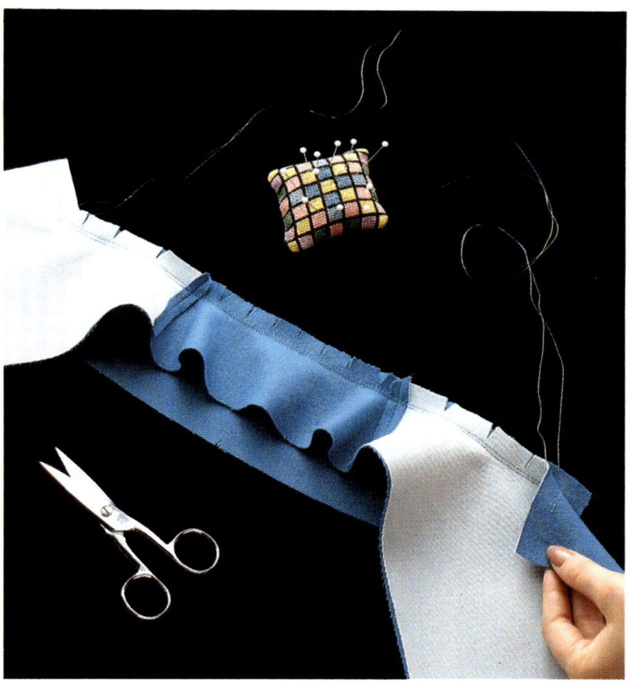

3) **Kragen** zwischen Ansatzzeichen rechts auf rechts auf den Besatz stecken. Rückwärtige Mitte und Schultern markieren. Zugaben des Besatzteils mehrfach bis an die Stütznaht einknipsen. Kragen *nur* zwischen den Ansatzzeichen aufsteppen; Zugabenenden des Oberkragens lose lassen. Die Nahtenden sorgfältig verriegeln, die Fadenenden ca. 25 cm überstehen lassen.

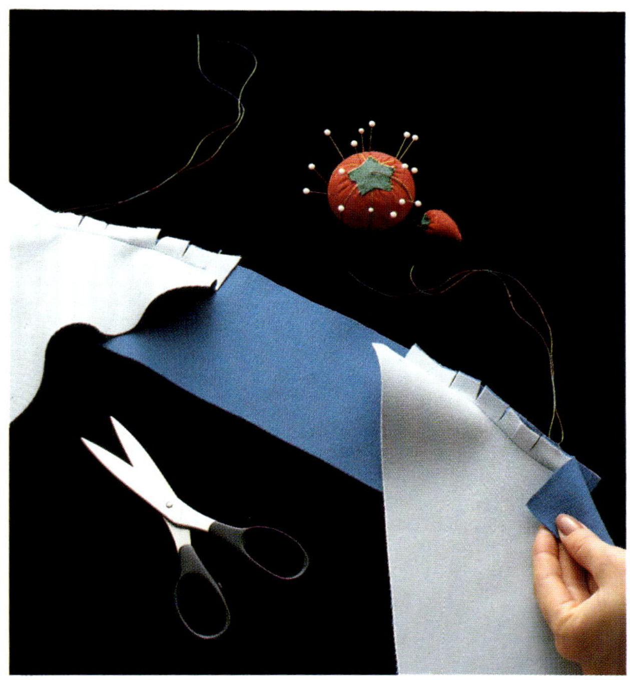

3a) **Verarbeitung ohne rückwärtigen Besatz.** Die vorderen Besätze jeweils vom Kragenansatzzeichen bis zur Schultermarkierung rechts auf rechts auf den Oberkragen steppen, die Zugaben des Kragens nicht mit in die Naht fassen. Die Nahtenden sorgfältig verriegeln, die Fäden ca. 25 cm überstehen lassen.

Kragen und Besätze vorbereiten (Fortsetzung)

4) **Unterkragen** so aufstecken, daß Ansatzzeichen und Rollinien aufeinandertreffen, dazu die Halsausschnittkante nach Bedarf einknipsen. Kragen zwischen den Ansatzzeichen (Pfeile) feststeppen. Nahtenden verriegeln; die Fäden ca. 25 cm stehenlassen. Nahtzugaben an den Ansatzzeichen einknipsen.

5) **Die Revers- und Kragenteile** von Vorderteil und Besatz zum Vergleich aufeinanderstecken. Bei Unstimmigkeiten hinsichtlich Größe oder Paßgenauigkeit die Kragenansatznähte bis zu den Schultern auftrennen und neu steppen.

Beschneiden und Bügeln der Kragenansatznähte

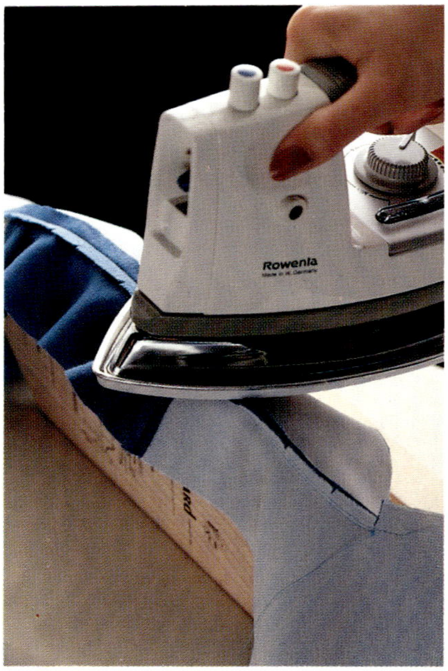

1) **Die Nahtzugaben** der Ansatznaht des Oberkragens auf 1 cm zurückschneiden, über einer Nahtrolle auseinanderbügeln; bei schwereren oder steifen Stoffen zusätzlich mit einem Schlagholz flachdrücken.

2) **Die Zugaben** der Unterkragenansatznaht auf 6 mm beschneiden. Die rückwärtige Schulterverstärkung, die Einlage des Unterkragens und die Nahtzugaben der Vorderteile jeweils bis dicht an die Kragenansatznaht zurückschneiden.

3) **Die Nahtzugaben** über einer Nahtrolle auseinanderbügeln, eventuell zusätzlich mit einem Schlagholz flachdrücken. Die Nahtzugaben der Unterkragenansatznaht bis ca. 5 cm vor die Kragenansatzzeichen mit Hexenstichen auf die Haareinlage heften.

Die Rollweite

Immer wenn zwei Stofflagen zusammen umgelegt werden sollen, muß die obere Stofflage etwas größer zugeschnitten werden als die untere. Diese Zugabe nennt man Rollweite. Ist diese Rollweite richtig bemessen, wird sich das Oberkragenteil weich und ohne zu ziehen über den Unterkragen legen. Nach Fertigstellung soll der korrekt gearbeitete Kragen, wie oben gezeigt, die Kragenansatznaht vollständig verdecken, ohne daß sich die Kragenkante auch nur ansatzweise nach außen wölbt.

Obwohl bei den meisten Schnitten die Rollweite bei Oberkragen und Reversbesatz bereits angeschnitten ist, kann es vorkommen, daß diese Zugabe bei sehr dicken und schweren Stoffen nicht ausreicht. Bevor Sie also Oberkragen- und Besatzteil ansetzen, sollten Sie die Rollweite im rückwärtigen Teil des Oberkragens zwischen den Schultermarkierungen vorsichtshalber noch einmal genau überprüfen und gegebenenfalls korrigieren. Ist alles in Ordnung, können Sie das Oberkragen-/Besatzteil ansetzen, wie auf S. 26–29 beschrieben.

Die Rollweite korrigieren

1) **Die Kragenansatznähte** links auf links und Schulternaht auf Schulternaht treffend in den Nahtlinien aufeinanderstecken. Das Teil über eine Schneiderbüste oder einen gut geformten Kleiderbügel ziehen.

2) **Ist der Oberkragen** kürzer als der Unterkragen, die Schnittkante des Oberkragens mit Stecknadeln auf dem Unterkragen markieren.

3) **Die Kragenteile** rechts auf rechts legen, so daß die Schnittkante des Oberkragens auf die Stecknadelmarkierung trifft, und von der Unterkragenseite aus mit 1,5 cm breiter Nahtzugabe von Hand durchheften.

1) Auf dem Unterkragen-/Reversteil die Nahtlinien vom letzten Stich der Kragenansatznaht bis zur Reversspitze und von hier aus 2,5 cm weit entlang der seitlichen Reverskante einzeichnen.

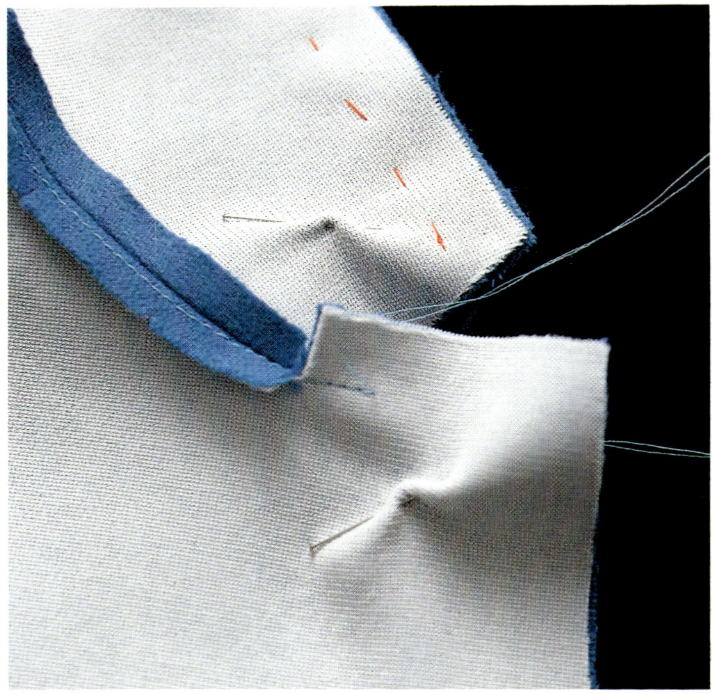

2) Auf dem Oberkragen-/Besatzteil an den Kragen- und Reversspitzen ca. 1,2 cm innerhalb der Nahtlinien kleine Fältchen abstecken. Dadurch rollt sich die fertige Naht später automatisch auf die Unterseite.

5) Den Besatz vom Kragenansatz bis zum Ende des Reversbruchs aufstecken. Hier die Überweite des Besatzes beidseitig der Bruchlinie ca. 1,3 cm einhalten. Nun den restlichen Besatz aufstecken; an der Saumrundung leicht einhalten, damit sich die fertige Kante später leicht nach innen neigt. Besatz eventuell festheften.

6) Die Kragenkanten zwischen den Ansatzzeichen jeweils bis etwa eine Stichlänge vor die Ansatznähte aufeinandersteppen. An den Kragenspitzen die Stichlänge verkürzen und mit je zwei Stichen über die Spitzen steppen. Nahtenden *nicht* verriegeln! Ca. 25 cm lange Fadenenden stehenlassen und fest verknoten.

3) **Die Kragenansatzzeichen** am letzten Stich der Ansatznaht sorgfältig aufeinanderstecken.

4) **Mit einer Nähnadel** die überstehenden Fäden der Kragenansatznähte zu den Ansatzzeichen durchziehen. Alle vier Fäden fest verknoten und abschneiden. Die Stecknadeln herausziehen.

7) **Nun den Besatz** aufsteppen, dabei etwa eine Stichlänge vom Ende der Kragenansatznaht entfernt beginnen. Am Anfang der Naht 25 cm lange Fadenenden stehenlassen. An der oberen Reverskante die Naht in einem leichten Bogen steppen, zur Spitze hin die Stichlänge verkürzen, mit zwei Stichen über die Spitze steppen.

8) **Den zweiten Besatz** genauso aufsteppen. Kragen- und Reversspitzen zum Vergleich aufeinanderstecken. Die Vorderteile auf gleiche Länge, die Nahtverläufe auf Unregelmäßigkeiten überprüfen. Nähte gegebenenfalls entsprechend korrigieren. Die Fadenenden miteinander verknoten und die Heftfäden herausziehen.

Nahtzugaben beschneiden und bügeln

1) **Die Nähte** zunächst von beiden Seiten flachbügeln, dann die Zugaben über einer Nahtrolle oder einem Bügelkissen auseinanderbügeln.

2) **An den Enden der Reversbrüche** die Nahtzugaben einknipsen. Die Nahtzugaben der Jacke unterhalb der Einschnitte auf 6 mm, oberhalb auf 3 mm, die Zugaben des Besatzes genau umgekehrt zurückschneiden. Spitzen schräg zurückschneiden, Rundungen einkerben.

3) **Die Nahtzugaben** des Oberkragens auf 6 mm, die des Unterkragens auf 3 mm beschneiden. Die Spitzen schräg zurückschneiden, Rundungen einkerben. Alle Zugaben nochmals sorgfältig auseinanderbügeln.

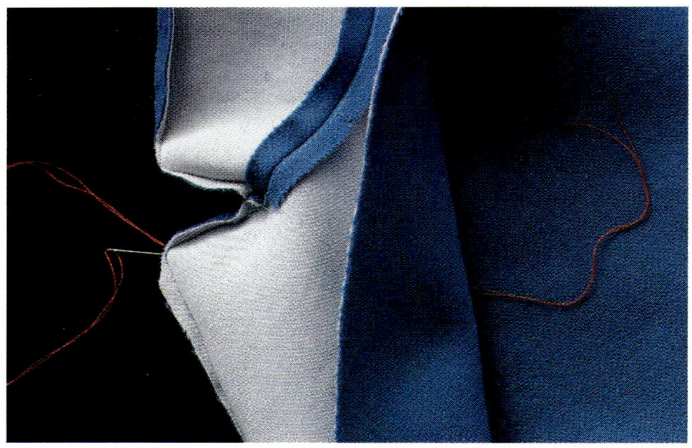

4) **Die Jacke** wenden. Die Kragen- und Reversspitzen mit einem Spitzenwender vorsichtig herausschieben. Oder Garn in eine Nadel einfädeln, doppelten Faden verknoten und die Spitzen jeweils durch ein Einstichloch der Ansatznähte nach außen durchziehen.

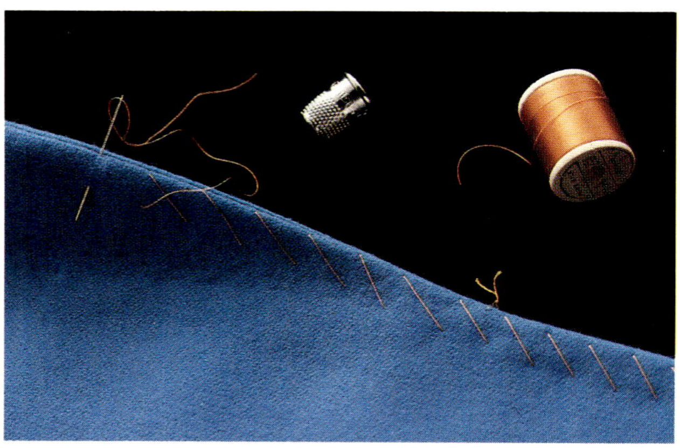

5) **An den Kragen-, Revers- und Vorderteilkanten** die Nähte leicht auf die jeweilige Unterseite rollen und die Kanten sorgfältig mit Nähseide durchheften.

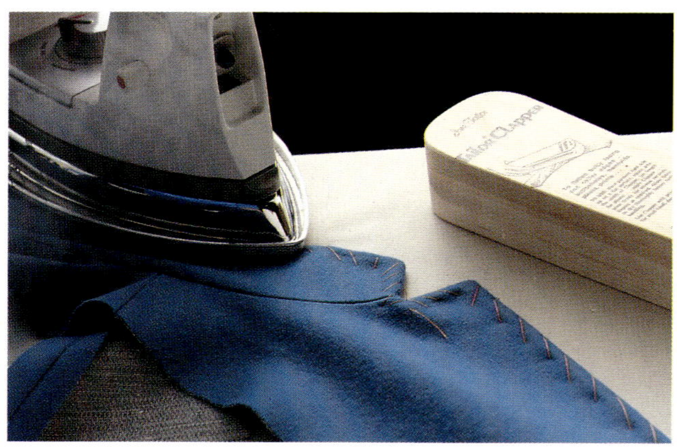

6) **Die gehefteten Kanten** von der rückwärtigen Mitte aus abschnittsweise mit viel Dampf abbügeln und mit einem Schlagholz flachdrücken. Eventuell mehrfach wiederholen. Danach das Teil gut trocknen lassen.

Die Kragen- und Besatznähte heften

1) **Die Kragen- und Reversteile** entlang der Roll- bzw. Bruchlinien umlegen und die Bruchkanten mit schrägen Heftstichen durchheften.

2) **Die rückwärtige Besatznaht** mit lockeren Vorstichen an der Halsausschnittnaht befestigen. Bei Jacken ohne rückwärtigen Halsausschnittbesatz die Ansatznaht des Oberkragens auf die Unterkragennaht heften.

Einen Schalkragen arbeiten

Ein Schalkragen muß zwar genauso sorgfältig verstärkt und geformt werden wie ein Reverskragen, ist aber alles in allem wesentlich einfacher zu arbeiten, auch wenn sich die Verarbeitungstechniken beider Kragenformen nur in Details unterscheiden.

So werden beim Schalkragen Ober- und Unterkragen in zwei Teilen, d. h. mit einer Mittelnaht, zugeschnitten. Bei einigen Schnitten ist der Unterkragen bereits am Vorderteil angeschnitten, bei anderen muß der als Extra-Schnittteil gegebene Unterkragen erst noch angesetzt werden.

Auch bei dieser Kragenform können Sie zwischen Bügel- oder Haareinlage wählen. Nach Aufbringen der Einlage aber ist die weitere Verarbeitung des Kragens dieselbe.

Einen Schalkragen arbeiten

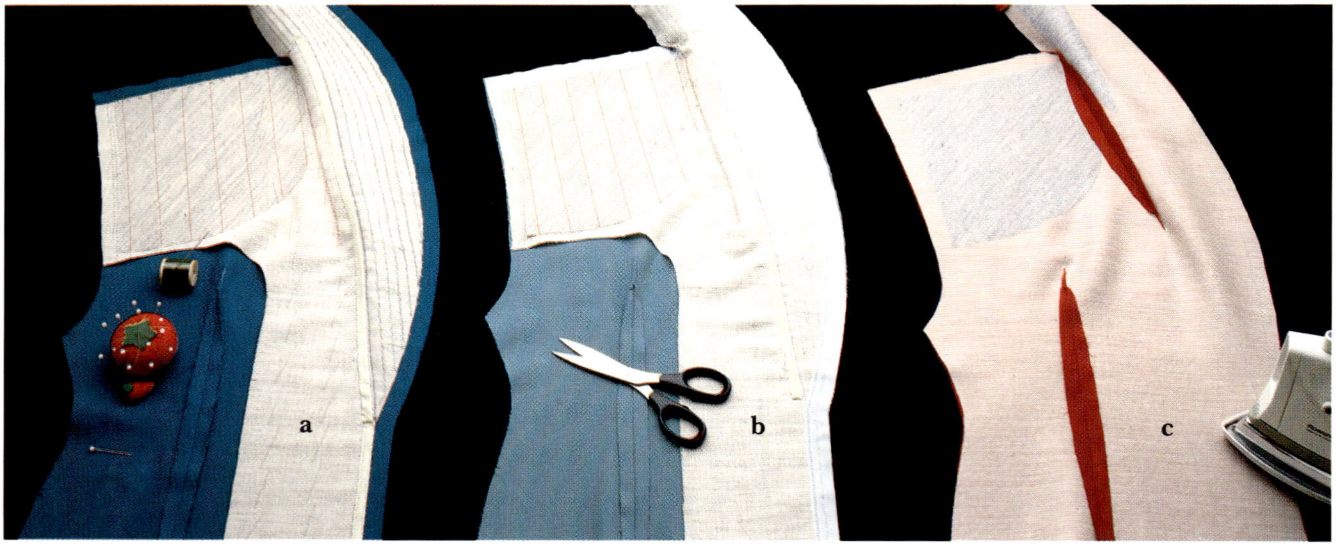

1) **Die Einlage** zuschneiden, markieren und durch Pikieren von Hand (**a**) bzw. mit der Maschine (**b**) oder durch Aufbügeln (**c**) auf Vorderteil und Unterkragen aufbringen. Die Unterkragennaht schließen. Nach Bedarf die Reversbruchlinien bis zu den Schulternähten und eventuell fortlaufend dazu auch die vorderen Kanten mit Naht- oder Kantenband verstärken (siehe S. 18, Punkt 7 und 8, bzw. S. 20, Punkt 4).

2) **Auf der Halskante** von Oberkragen und rückwärtigem Halsausschnittbesatz eine Stütznaht steppen; an den Kragenecken die Stichlänge verkürzen. Kragenecken und Nahtzugaben des Besatzes einknipsen.

3) **Den Ausschnittbesatz** auf den Oberkragen stecken und feststeppen. An den Ecken die eingeschnittenen Nahtzugaben des Oberkragens auseinanderziehen und die Teile in der Maschine drehen.

4) **An den Ecken** des Oberkragens die Nahtzugaben quadratisch ausschneiden. Die übrigen Nahtzugaben auf 1 cm zurückschneiden und über einer Nahtrolle oder einem Bügelkissen auseinanderbügeln.

5) **Oberkragen** und Ausschnittbesatz jeweils von der rückwärtigen Mitte aus auf das Vorderteil und den Unterkragen steppen. Die Nahtzugaben zurückschneiden und bügeln, wie auf S. 30 beschrieben.

Aufgesetzte Taschen

Da aufgesetzte Taschen zu den Details gehören, die am ehesten ins Auge fallen, müssen sie entsprechend sorgfältig verarbeitet werden, vor allem natürlich dann, wenn sie außer praktischen auch dekorative Funktionen übernehmen sollen.

Wenn Sie sich zum Beispiel an die komplizierteren Leisten- und Paspeltaschen noch nicht herantrauen, können Sie diese ohne weiteres durch gefütterte aufgesetzte Taschen ersetzen, solange die Proportionen des Kleidungsstücks dadurch nicht beeinträchtigt werden.

Bei paarweise aufgesetzten Taschen sollten Sie unbedingt darauf achten, daß Größe, Form und Lage beider Taschen absolut identisch sind. Genauso wichtig ist es, die Taschen an der optisch günstigsten, gleichzeitig aber auch praktischsten Stelle anzubringen. Aus diesem Grund sollten Sie über die endgültige Lage, Größe und Form erst bei der ersten Anprobe entscheiden. Nähen Sie aber die Taschen möglichst vor dem Schließen der Seitennähte auf, damit Sie die Vorderteile flach ausbreiten können.

Größere Taschen lassen sich übrigens auch mit der Maschine „nahtlos“ aufsetzen. Das ist allerdings nicht ganz einfach und bedarf einiger Übung.

Taschen richtig aufstecken

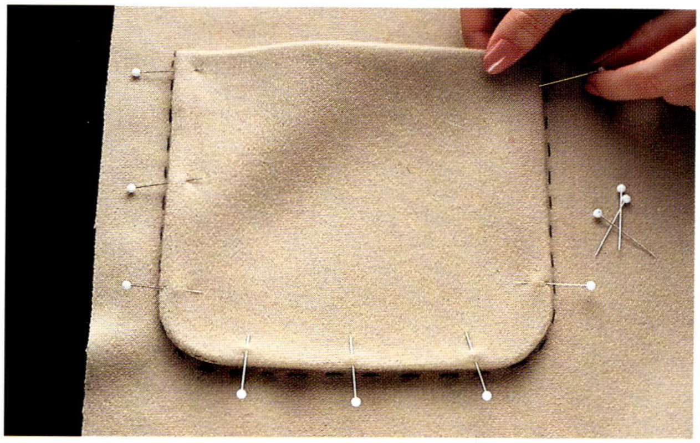

Die fertige Tasche entlang der Ansatzlinien so auf das Vorderteil stecken, daß die oberen Ecken leicht einwärts gerichtet sind.

Oder: Das Vorderteil über ein Bügelkissen legen und die Tasche auf das so vorgeformte Vorderteil stecken.

Eine ungefütterte Tasche mit abgerundeten Ecken arbeiten

1) **Der Tasche** von links Jersey-Einlage aufbügeln. Die Kante des angeschnittenen Besatzes mit Zickzackstichen versäubern und nach links umbügeln.

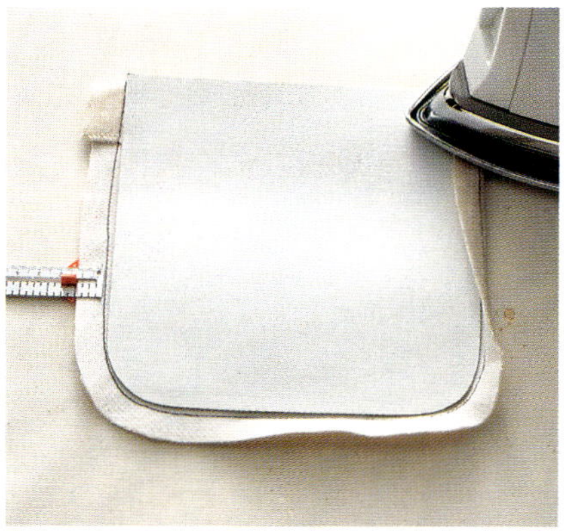

2) **Die Tasche** 1,2 cm von den Kanten entfernt absteppen. Die Kanten um eine auf fertige Taschengröße zugeschnittene Pappschablone herum nach links umbügeln.

3) **Die Nahtzugaben** auf 6 mm zurückschneiden. Eventuell die Schnittkanten mit Zickzackstichen oder durch Versäubern mit einer Overlock gegen Ausfransen sichern.

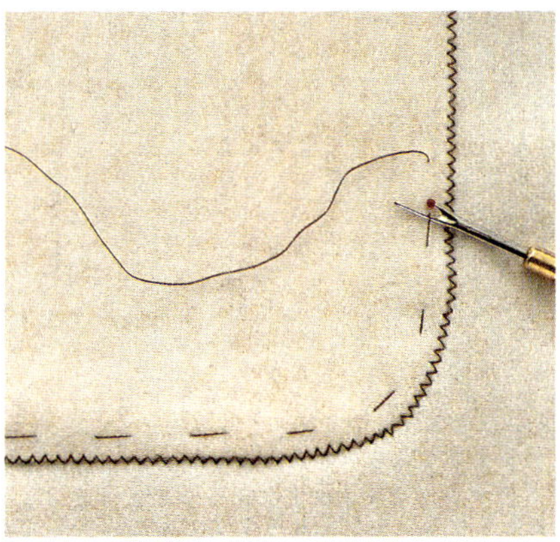

4) **Die Tasche** aufstecken, festheften und mit langen, schmalen Zickzackstichen aufsteppen: Die Oberfadenspannung lockern und darauf achten, daß die Kanten nur knapp mitgefaßt werden. Die Heftfäden herausziehen.

5) **Die Tasche** aufziehen, die Nahtzugaben auseinanderlegen und die Tasche mit Geradstichen und ausgewogener Fadenspannung von innen im eingebügelten Bruch feststeppen.

6) **Tasche** und Vorderteil müssen glatt unter dem Steppfuß liegen. Die Tasche wird durch die sich leicht auseinanderziehende Zickzacknaht gehalten. Die Nahtenden sorgfältig verriegeln. Die Zickzacknaht auftrennen.

Eine gefütterte Tasche mit abgerundeten Ecken arbeiten

1) **Der Tasche** von links Einlage aufbügeln. Die Nahtlinien um eine auf fertige Taschengröße zugeschnittene Pappschablone herum einzeichnen.

2) **Das Futter** an den Besatz steppen; in der Mitte eine Öffnung lassen. Die Nahtzugaben zurückschneiden, ins Futter bügeln. Futter und Besatz an den Außenkanten zum Bruch hin auslaufend um 3 mm zurückschneiden.

3) **Besatz und Futter** *rechts auf rechts* kantenbündig auf die Tasche stecken und entlang der eingezeichneten Nahtlinien feststeppen.

4) **Die Naht** flachbügeln. Die Zugaben des Futter- und Besatzteils in das Futter bügeln. Alle Nahtzugaben zurückschneiden, an den Rundungen einkerben.

5) **Die Tasche** wenden und von der Futterseite aus so bügeln, daß sich die Naht leicht auf die Futterseite rollt. Die Nahtöffnung mit Staffierstichen zunähen.

Eine gefütterte Tasche mit der Maschine aufsteppen

1) **Einen Streifen** doppelseitiges Bügeleinlageband, 3 mm breit, knapp innerhalb der Außenkanten auf die Taschenunterseite legen, aus ca. 3 cm Entfernung mit Dampf anbügeln.

2) **Die Tasche** entlang der Ansatzlinien auf das Vorderteil legen und mit einem Bügeltuch unter Dampf festbügeln.

3) **Die Außenkanten** knappkantig oder 6 mm breit absteppen. Die Enden des Tascheneingriffs mit kleinen Zickzackstichen oder durch Rückstiche sorgfältig verriegeln.

Eine gefütterte Tasche von Hand aufnähen

1) **Die fertige Tasche** auf das Vorderteil legen und 1,2 cm von den Außenkanten entfernt von Hand festheften. Die Taschenkanten an der Heftlinie zurückklappen und die Unterseite mit Staffierstichen annähen.

2) **Nun die Kanten** nochmals dicht neben der Futternaht festnähen. Die Stiche nicht zu fest anziehen, damit die plastische Form der Kanten erhalten bleibt. Die Enden des Eingriffs mit kleinen Garnriegeln sichern.

Eingesetzte Ärmel

Glatt und gerade fallende Ärmel mit weich gerundeten Armkugeln gehören zu den augenfälligsten Kennzeichen eines gut geschneiderten Blazers. Mit Hilfe einer speziellen Nähtechnik können Sie die Armkugel ohne sichtbare Kräuselung einhalten. Bei Wollstoffen lassen sich die Ärmel am leichtesten einpassen, da sich die Überweite gut eindämpfen läßt. Vor dem Einsetzen der Ärmel aber sollten alle übrigen Verbindungsnähte geschlossen sein.

Zum Einpassen der Ärmel können Sie zwischen zwei Techniken wählen. Die erste ist im Grunde nur eine Variante der herkömmlichen Einhaltetechnik, nur daß hierbei drei anstatt der sonst üblichen zwei Einhaltenähte gesteppt werden. Bei stichempfindlichen Stoffen kann auch die dritte Naht noch auf die Nahtzugabe verlegt werden. Nach dem Einhalten des Ärmels wird die Weite so verteilt, daß am Schulterpunkt möglichst wenig, zwischen dem Schulterpunkt und den kleineren Markierungspunkten zwischen Schulterpunkt und Kerbmarkierungen die meiste Weite untergebracht wird.

Bei der zweiten Technik wird die Weite mit Hilfe eines Schrägstreifens aus Watteline, Haareinlage oder auch dem Oberstoff selbst eingehalten. Diese Methode ist für alle Stoffe gut geeignet, empfiehlt sich jedoch vor allem bei Stoffen, die sich schlecht einhalten lassen oder bei denen sich die Überweite nur schwer oder gar nicht eindämpfen läßt.

Auf Wunsch können Sie nach Einsetzen der Ärmel noch schmale Stützstreifen unter die Armkugeln nähen und dadurch gleichzeitig verhindern, daß sich die Nahtzugaben auf dem Oberstoff abzeichnen. Bei überrissenen Schultern oder wenn Sie mit der Schrägstreifen-Technik arbeiten, können Sie auf solche Stützen allerdings verzichten.

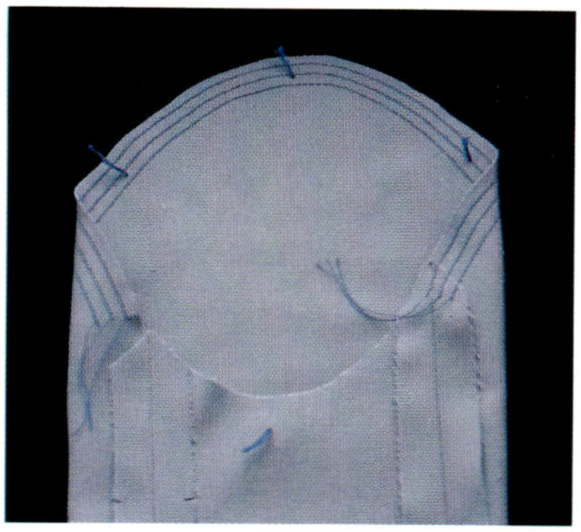

1) Zwischen den Kerbmarkierungen der Armkugel mit gelockerter Fadenspannung und etwa 2,5 mm langen Stichen jeweils 6, 12 und 18 mm von der Schnittkante entfernt je eine Einhaltenaht steppen.

2) Die Unterfäden anziehen und die Weite wie nebenstehend beschrieben verteilen. Zur Kontrolle der Form die Armkugel über der Faust drapieren.

3) Den Ärmel zeichengemäß und kantenbündig in den Armausschnitt stecken, dabei die Ansatzkanten etwas nach außen biegen. Auch den Unterarmbereich leicht einhalten. Eventuell die Weitenverteilung korrigieren.

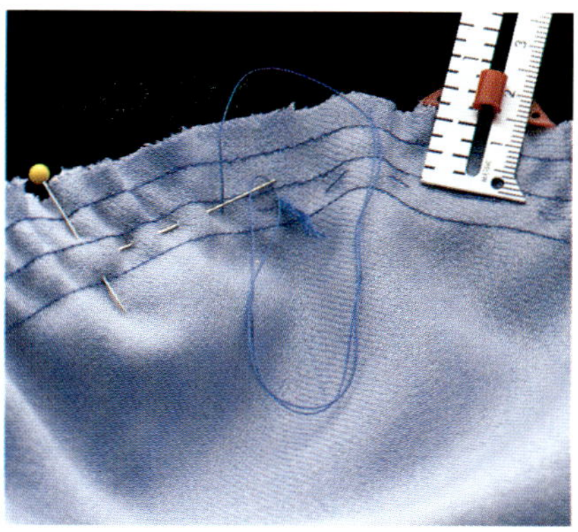

4) Mit kleinen Handstichen den Ärmel auf der Nahtlinie festheften und mit untergesteckten Schulterpolstern anprobieren. Falls notwendig, die Paßform korrigieren.

5) Die Einhaltefäden um Stecknadeln wickeln. Falls sich die Armkugel kräuselt, Ärmel abtrennen und die Weite über einem Bügelkissen *ohne Stoffberührung* eindämpfen. Ärmel trocknen lassen und erneut einheften.

6) Den Ärmel von der Armausschnittseite aus einsteppen, an einer Kerbmarkierung beginnend. Zum Verstärken des Unterarmbereichs die Naht zwischen den Kerben auf den Zugaben knappkantig absteppen.

7) Die Naht von rechts auf Kräusel oder Stichfehler überprüfen, gegebenenfalls korrigieren. Alle von außen sichtbaren Heftnähte auftrennen. Die Nahtzugaben im Unterarmbereich auf 6 mm, im oberen Bereich auf 1 cm zurückschneiden.

8) Die Nahtzugaben im oberen Bereich in den Ärmel bügeln, jedoch nur bis etwa 3 mm hinter die Nahtlinie, damit die Rundung der Armkugel nicht flachgebügelt wird. Die Unterarmnaht bleibt ungebügelt.

Einen Ärmel mit Schrägstreifen einsetzen

1) **Aus Watteline** einen ca. 30 cm langen und 5 cm breiten Streifen in der echten Schräge zuschneiden und die Mitte durch einen kurzen Einschnitt markieren. Am Schulterpunkt den Streifen von links kantenbündig feststecken.

2) **Eine Hälfte** des Streifens zwischen Schulterpunkt und Kerbmarkierung 1,2 cm von der Schnittkante entfernt auf die Armkugel steppen. Dabei den Streifen kräftig dehnen und gleichzeitig den Oberstoff zwischen dem Schulterp'ınkt und dem kleineren Punkt vorsichtig unter dem Steppfuß zusammenschieben.

3) **Die zweite Hälfte** des Streifens genauso aufsteppen. (Falls die Maschine links der Nadel keine Nahtführungslinien aufweist, eine provisorische Führungslinie aus Klebeband aufkleben.) Unterhalb der Kerbmarkierungen die Streifenenden abschneiden.

4) **Den Ärmel** in den Armausschnitt stecken. Ist er noch zu weit, die Weite korrekt verteilen und mit Stecknadeln abstecken. Ist der Ärmel zu eng, jeden sechsten Stich durchschneiden und Weite auslassen. Den Ärmel einsteppen und bügeln (S. 39, Punkt 6–8).

Eine Ärmelstütze unternähen

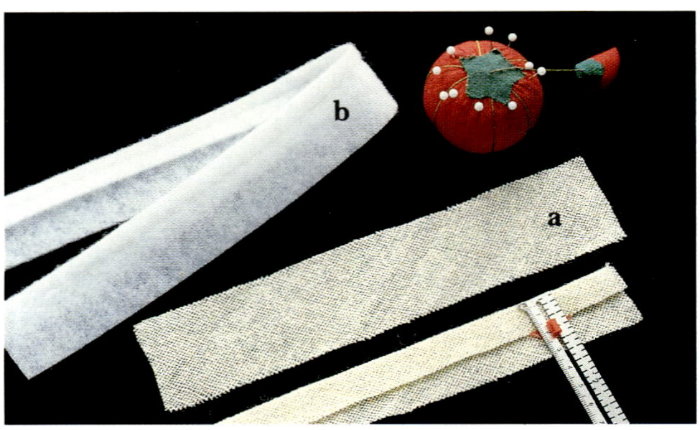

1) **Für jeden Ärmel** einen 5 x 25 cm großen Schrägstreifen aus Watteline oder schwerem Flanell zuschneiden **(a)** und eine Längskante 1,5 cm breit umbügeln, oder fertig gekaufte Ärmelstützen **(b)** verwenden.

2) **Die Stütze** so in den Ärmel stecken, daß die Mitte des Streifens genau auf den Schulterpunkt trifft. Die Bruchkante mit Staffierstichen an die Ärmeleinsatznaht säumen.

Schulterpolster unternähen (eingesetzte Ärmel)

1) Das Schulterpolster so unterstecken, daß es über die Ansatznaht hinaus ca. 1,2 cm weit in den Ärmel hineinreicht. Den Blazer anprobieren, den Sitz überprüfen und gegebenenfalls korrigieren.

2) Das Polster mit lockeren Handstichen auf den Nahtzugaben der Schulternaht befestigen.

3) Die Schulterpartie des Blazers über dem Schulterpolster glattstreichen. Die unteren Polsterkanten ebenfalls mit lockeren Stichen auf die Nahtzugaben der Ärmeleinsatznaht heften.

Schulterpolster unternähen (überrissene Schultern)

1) Den Blazer überziehen. Ein Raglanpolster so unter die Schulter schieben, daß der Ärmel gerade von der Schulter herabfällt. Das Polster von außen feststecken.

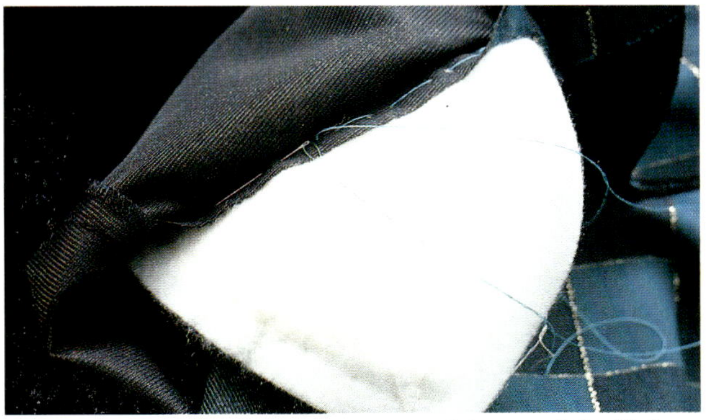

2) Das Polster mit lockeren Handstichen auf die Nahtzugaben der Schulternaht heften.

Schulterpolster unternähen (Raglanärmel)

1) Den Blazer überziehen. Ein Raglanpolster so unter die Schulter schieben, daß der Ärmel gerade von der Schulter herabfällt, und von außen feststecken.

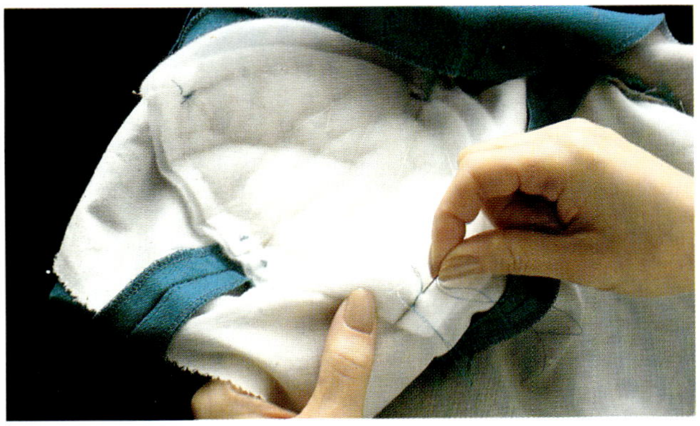

2) Das Polster auf die Nahtzugaben der Schulternaht oder der Ärmeleinsatznähte heften.

Säume

In der Schneiderei werden Saumkanten fast immer mit Einlagestreifen verstärkt. Dadurch wird das Gewicht des Saums besser aufgefangen, er bekommt mehr Volumen und Festigkeit und dehnt sich auch später während des Tragens nicht so leicht aus. Zudem verhindert die Einlage, daß Saumstiche und Saumkante auf die rechte Seite durchschlagen.

Um einen weicheren Saumbruch zu erzielen, wird die Einlage so zugeschnitten, daß sie ca. 1,2 cm über die Saumbruchlinie hinausragt. Webeinlagen werden in der echten Schräge, Jersey-Einlagen im Querfadenlauf zugeschnitten. Bei nicht aufbügelbarer Einlage wird der Einlagestreifen auf die Breite der Saumzugabe zuzüglich 4 cm und in der Länge auf die Saumweite zuzüglich 2,5 cm für den Übertritt an der vorderen Einlage zugeschnitten.

Bügeleinlage wird ebenfalls ca. 1,2 cm breiter als die Saumzugabe, jedoch in einzelnen Abschnitten jeweils auf die Länge der Vorder- und Rückenteile zwischen den Nahtzugaben zugeschnitten. Hinzu kommen dann noch jeweils 6 mm Übertrittzugabe für die Vorderteilstreifen. Nach dem Zuschneiden werden die Streifen jeweils an einer Längskante mit einer Zackenschere ausgedünnt.

Vor dem Säumen müssen jedoch zuerst die endgültigen Längen festgelegt werden. Der fertige Ärmel sollte etwa 1,2 bis 2,5 cm über das Handgelenk reichen. Danach werden die Saumzugaben rundherum in gleicher Breite festgesteckt. Um zu verhindern, daß die Untertritte später unter den Übertritten hervorschauen, werden sie um einige Millimeter kürzer gesäumt. Und damit die Ecken möglichst wenig auftragen, sollten sie als Briefecken gearbeitet werden (S. 45).

Einen Blazer mit Haareinlage säumen

1) **Den Saumbruch** leicht anbügeln, dabei die Saumzugabe des vorderen Besatzes zur Naht hin auslaufend 3 mm breiter einschlagen, damit der Besatz später nicht unter der Saumkante hervorschaut. Die Nahtzugaben im Saumbereich zurückschneiden.

2) **Die Überweite** der Saumzugabe 6 mm von der Schnittkante entfernt rundherum gleichmäßig einhalten. Dünne Pappe unter die Saumzugabe legen und die Überweite der Saumzugabe vorsichtig eindämpfen.

3) **Eine Stecknadel** 2,5 cm innerhalb der Schnittkante des vorderen Besatzes in die Saumzugabe stecken.

4) **Die Saumzugaben** am Besatz auf 1,2 cm, am Vorderteil zwischen Besatznaht und Stecknadel auf 2 cm zurückschneiden. Die Besatznaht an der Saumlinie einknipsen und im Saumbereich in den Besatz bügeln.

5) **Haareinlage** zuschneiden (S. 42). So aufstecken, daß sie 1,2 cm in die Saumzugabe hineinreicht. Die Enden mit Hexenstichen auf die vordere Einlage nähen. Den Streifen in der Saumlinie mit Wechselstichen und 1,2 cm von der oberen Kante entfernt mit Heftstichen annähen.

6) **Die obere Kante** des Einlagestreifens 6 mm zurückklappen und mit hohlen Saumstichen und farblich passendem Garn festnähen. Dabei nur 1–2 Fäden des Oberstoffs fassen und die Stiche nicht zu fest anziehen. Danach den Heftfaden herausziehen.

7) **Die Saumzugabe** umbügeln, am Besatz mit einem Schlagholz flachpressen. Die Schnittkante versäubern. Die Zugabe 1,2 cm oberhalb der Saumlinie festheften. Die Kante mit Wechselstichen auf die Einlage nähen.

8) **Den Besatz** nach innen umlegen, die Schnittkante versäubern und mit Staffierstichen oder schrägen Saumstichen auf die Saumzugabe nähen.

Einen Blazer mit Bügeleinlage säumen

1) **Den Saumbruch** anbügeln (S. 42, Punkt 1). Die Einlagestreifen so auf die Saumzugabe bügeln, daß die ausgezackten Kanten ca. 1,2 cm über die Saumlinie hinausragen und die Enden unter den Nahtzugaben liegen.

2) **Dann die Saumkante** weiter vorbereiten, wie unter Punkt 2–4 beschrieben. Die Saumzugabe umbügeln, die Schnittkanten mit der Zackenschere versäubern, 1,2 cm breit festheften und mit hohlen Saumstichen annähen. Den Besatz auf den Saum nähen (Punkt 8).

1) **Das Schlitzende** des rechten Rückenteils knapp innerhalb der Nahtlinie mit kleinen Stichen sichern. Die rückwärtige Mittelnaht steppen. Die Nahtzugabe des rechten Rückenteils zur Schlitzmarkierung hin einknipsen. Den Übertritt ins linke Rückenteil gerichtet bügeln und den angeschnittenen Besatz nach links umbügeln. Die Nahtzugabe des Untertritts nach links umbügeln. Den Saumbruch so anbügeln, daß der Untertritt 3 mm kürzer wird als der Übertritt.

2) **Haareinlage (a)** 2,4 cm länger und breiter als den Übertritt zuschneiden und mit Wechselstichen so auf den Übertritt nähen, daß sie 1,2 cm über Schlitzende, Besatzbruch und Saumlinie hinausreicht. Saum mit Einlage verstärken (S. 43, Punkt 5). Bügeleinlage **(b)** 2,4 cm länger und 1,2 cm breiter als den Übertritt zuschneiden, so auf den Besatz bügeln, daß sie 1,2 cm über Schlitzende, Besatzbruch und Saumlinie hinausreicht. Saum mit Einlage verstärken (S. 43, Punkt 1).

3) **Die Schlitzkanten** sorgfältig aufeinanderlegen. Saum umlegen, feststecken und einbügeln.

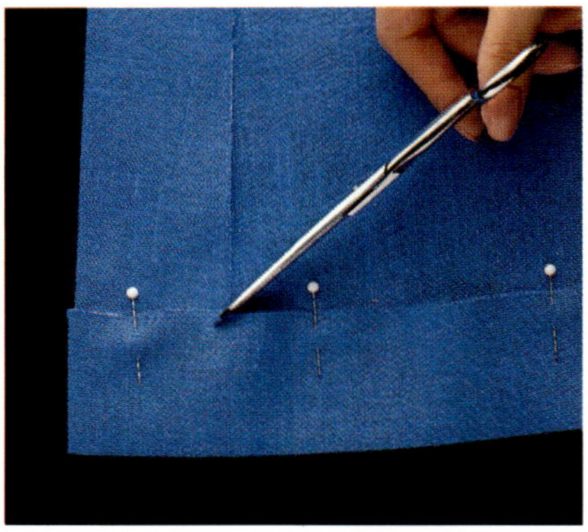

4) **Übertrittbesatz** und Saumzugabe am Kreuzungspunkt einknipsen.

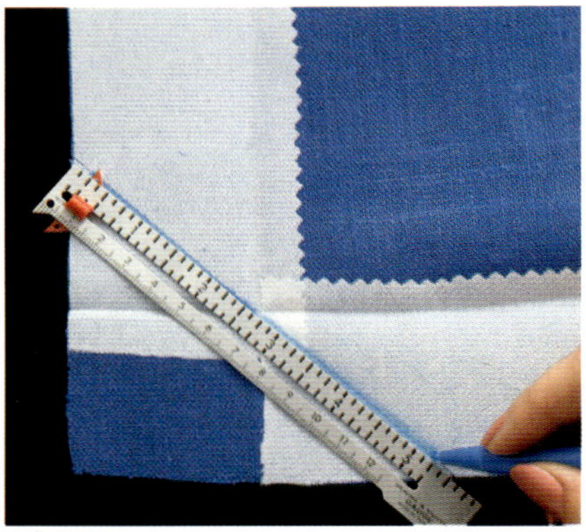

5) **Aufklappen.** Zwischen den Einschnitten über den Kreuzungspunkt der Bügellinien die Naht einzeichnen.

6) **Die Ecke,** Einschnitt auf Einschnitt treffend, diagonal falten und auf der Nahtlinie durchsteppen. Die Ecke zurückschneiden, die Nahtzugaben auseinanderbügeln. Wenden.

7) **Am Untertritt** den Saum nach außen wenden und vom Bruch bis zur Saumkante in der Nahtlinie feststeppen. Die Zugaben auseinanderbügeln. Den Saum wenden, bügeln.

8) **Schlitz** zuheften. Das Schlitzende durch alle Stofflagen hindurch feststeppen. Die Nahtzugaben abstufen. Die inneren Schlitzkanten mit Hexenstichen annähen. Saum arbeiten.

Einen Ärmelschlitz mit Briefecke säumen

1) **Die vordere Ärmelnaht** schließen. Schlitz- und Saumbrüche einbügeln. Haareinlage (**a**) oder Bügeleinlage (**b**) zuschneiden (S. 43); die Haareinlage nur bis zur Bruchlinie des Untertritts zuschneiden.

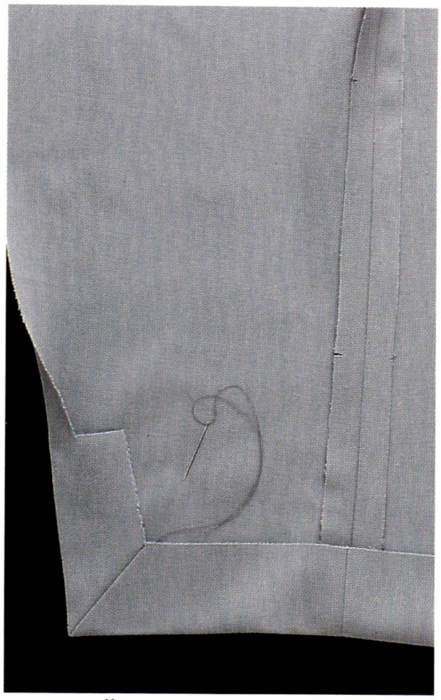

2) **Den Übertritt** nach innen umlegen. Die Saumzugabe umbügeln. Die Briefecke arbeiten, wie auf S. 44 unter Punkt 4–6 beschrieben. Den Saum von Hand annähen.

3) **Die rückwärtige Ärmelnaht** schließen. Die Zugaben zur Schlitzmarkierung hin einknipsen und auseinanderbügeln. Die Schlitzkanten mit Hexenstichen festnähen. Von rechts durch alle Stofflagen hindurch Knöpfe aufnähen.

Den Blazer zum Füttern vorbereiten

1) **Den Besatz** zurückschlagen und an der Bruchlinie hohl auf das Verstärkungsband nähen.

2) **Soll das Futter von Hand** eingenäht werden, die inneren Besatzkanten mit Hexenstichen auf die Einlage nähen. Den Blazer nochmals sorgfältig bügeln.

Futter

In der Schneiderei werden Jacken und Mäntel in der Regel durchgehend gefüttert, und das aus gutem Grund. Denn das Futter hat nicht nur die Aufgabe, die Einlage und die inneren Verarbeitungsdetails zu verdecken. Es macht auch zeit- und arbeitsaufwendige Nahtversäuberungen überflüssig und verringert die Reibung zwischen den einzelnen Kleidungsstücken. Zudem wirkt das Futter wie eine Art Puffer, der an vielen Stellen die größte Belastung abfängt und so Lebensdauer und Haltbarkeit erheblich verlängert. Und nicht zuletzt auch deshalb, weil gefütterte Kleidungsstücke einfach schöner aussehen, vor allem, wenn die Futteransatznähte zusätzlich gepaspelt wurden.

Normalerweise wird das Futter mit der Maschine zusammengenäht und danach von Hand eingearbeitet. Sie können das Futter natürlich auch mit der Maschine einnähen. Nur die oberen Kanten des Ärmelfutters sollten in jedem Fall von Hand befestigt werden, um gerade in diesem stark belasteten Bereich Oberstoff und Futter möglichst fest miteinander zu verbinden und gleichzeitig dem Futter genügend Spiel zu geben, was letztlich sowohl der Paßform als auch dem Tragekomfort zugute kommt.

Futter von Hand einnähen

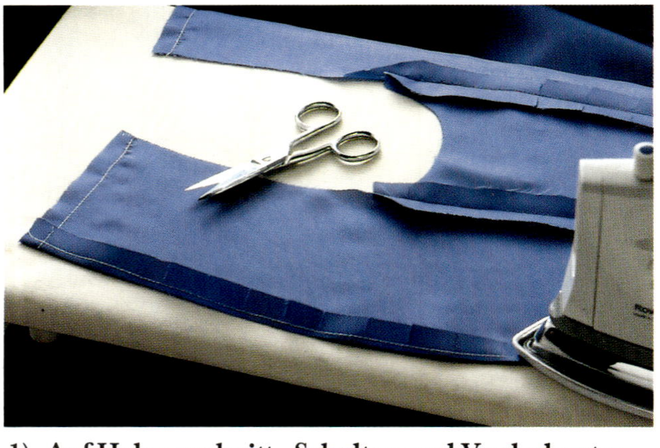

1) **Auf Halsausschnitt-, Schulter- und Vorderkanten** des Futters je eine Stütznaht steppen. Längsnähte und rückwärtige Abnäher schließen und bügeln. An den vorderen Kanten die Nahtzugaben umbügeln und eventuell einknipsen, damit sie flach liegen.

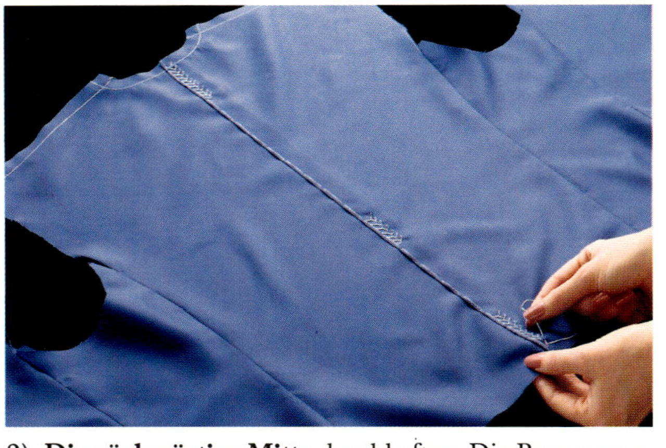

2) **Die rückwärtige Mitte** durchheften. Die Bewegungsfalte in die linke Rückenteilhälfte gerichtet bügeln und an Halsausschnitt, Taille und Saumkante jeweils ca. 5–7,5 cm lang mit Gräten- oder Hexenstichen festnähen. Die Heftfäden herausziehen.

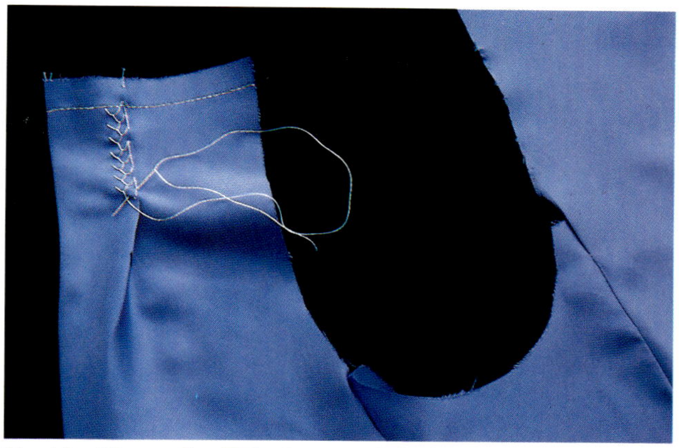

3) **Abnäher oder Fältchen** an Schulter oder Taille heften, unterhalb der Kante bzw. in der Mitte jeweils auf 5 cm Länge mit Gräten- oder Hexenstichen schließen und bügeln. Die Heftfäden herausziehen.

4) **Die seitlichen Nahtzugaben** von Oberstoff und Futter mit langen, losen Stichen bis ca. 10 cm vor die Saumkanten aufeinanderheften.

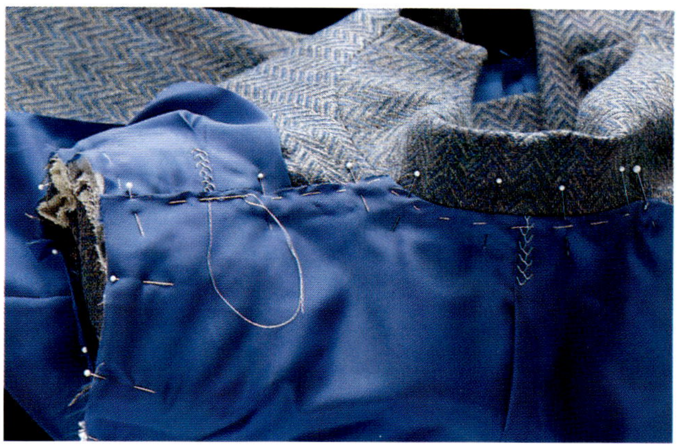

5) **Die Nahtzugabe** der rückwärtigen Halsausschnittkante einknipsen, einschlagen und aufstecken. Futter jeweils vom Unterarm zur Schulter hin um die Armausschnitte stecken und festheften. Rückwärtige Schulternahtzugabe einschlagen und auf die vordere stecken. Schulternähte und rückwärtigen Halsausschnitt heften.

6) **Die vorderen Kanten** des Futters bis jeweils etwa 10 cm vor die Saumkanten an der Nahtlinie auf den Besatz stecken. Zum Einhalten der Brustrundung Futter und Besatz über ein Bügelkissen legen. Dann das Futter auf den Besatz heften.

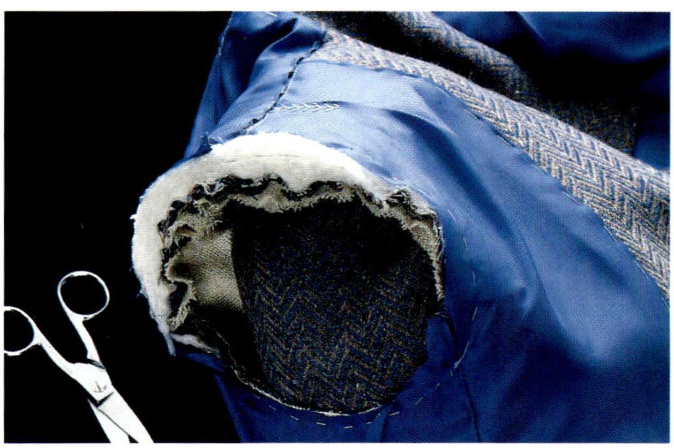

7) **Um die Armausschnitte** herum das Futter knapp 1,5 cm von den Schnittkanten entfernt festnähen und lose auf Schulterpolster und Nahtzugaben heften. Zwischen den Kerben die Unterarmzugaben des Futters auf die Breite der Oberstoffzugaben zurückschneiden.

8) **Den Blazer** anprobieren. Falls das Futter zu eng sitzt und am Oberstoff zerrt, die Heftnähte, wo nötig, etwas auslassen. Alle Futterkanten mit kurzen Staffierstichen oder hohlen Saumstichen unsichtbar festnähen. Die Heftfäden herausziehen.

Ärmelfutter einnähen

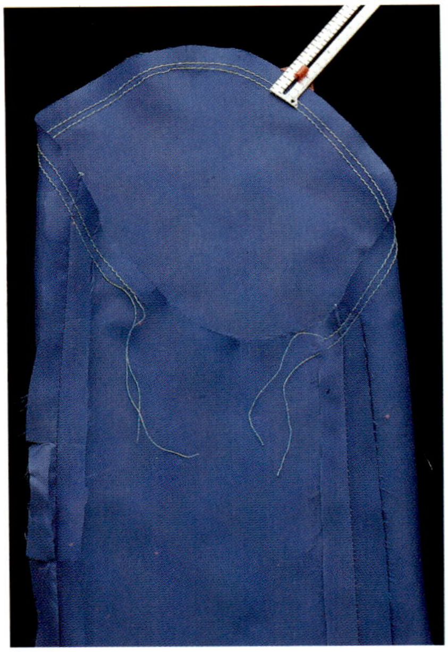

1) **Die Armkugel** knapp außerhalb der Nahtlinie zwischen den Kerben etwa 1 cm einhalten.

2) **Das Futter** *links auf links* in den Ärmel ziehen. Die Nahtzugabe im Unterarmbereich zwischen den Kerben 6 mm, am Schulterpunkt in voller Breite einschlagen und an die Nahtlinie der Ärmeleinsatznaht stecken.

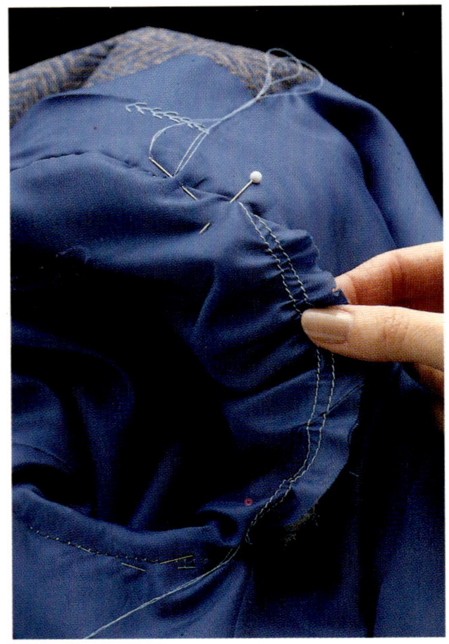

3) **Die Armkugel** durch Anziehen der Einhaltefäden auf die Weite des Armausschnitts einhalten. Die übrigen Zugaben einschlagen und das Ärmelfutter mit doppeltem, gewachstem Faden auf das Jackenfutter säumen.

Jacken- und Ärmelfutter säumen

1) **Das Futter** ca. 7,5 cm oberhalb des Saums feststecken und so weit zurückschneiden, daß es ca. 1,5 cm länger ist als die fertige Jacke. Das Futter 1,5 cm einschlagen. Den Bruch 1 cm über die Saumkante stecken und mit Staffierstichen aufsäumen. Die Stecknadeln herausziehen.

2) **Die so entstandene** Bewegungsfalte über den Saum fallen lassen. Nun die restlichen Vorderkanten des Futters auf den Besatz säumen und den Futtersaum einbügeln.

Lose hängendes Futter. Das Futter separat ca. 2,5 cm kürzer als das Kleidungsstück säumen. Die restlichen Vorderkanten auf den Besatz säumen. Dann das Futter mit ca. 3 cm langen Garnriegeln an den Längsnähten befestigen.

1) **Abnäher** und Längsnähte schließen. Die Armkugel zwischen den Kerben knapp außerhalb der Nahtlinie ca. 1 cm einhalten. Abnäher und rückwärtige Bewegungsfalte arbeiten (S. 46/47). Schulternähte schließen.

2) **Das Futter** am Halsausschnitt einknipsen. Futter bis ca. 10 cm vor den Saumkanten auf die vorderen und rückwärtigen Besätze steppen. Die Ansatznähte in das Futter gerichtet bügeln.

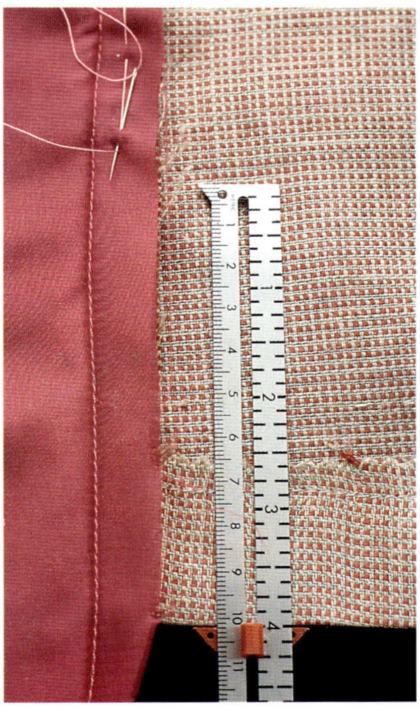

3) **Die seitlichen Nahtzugaben** von Oberstoff und Futter mit langen, lockeren Stichen bis 10 cm vor den Saum aufeinanderheften. Das Futter an die Armausschnitte steppen (S. 47), die unteren Futterkanten ansäumen.

4) **Die untere Kante** des Futterärmels rechts auf rechts 6 mm breit auf die Saumzugabe steppen.

5) **Den Ärmel** nach rechts wenden. Futter in den Ärmel ziehen und von Hand auf das Jackenfutter säumen (S. 48, Punkt 2 und 3). Die Saumzugabe des Ärmels bis kurz vor das Futter in der Ärmelnaht feststeppen.

Futterverarbeitung am Saumschlitz

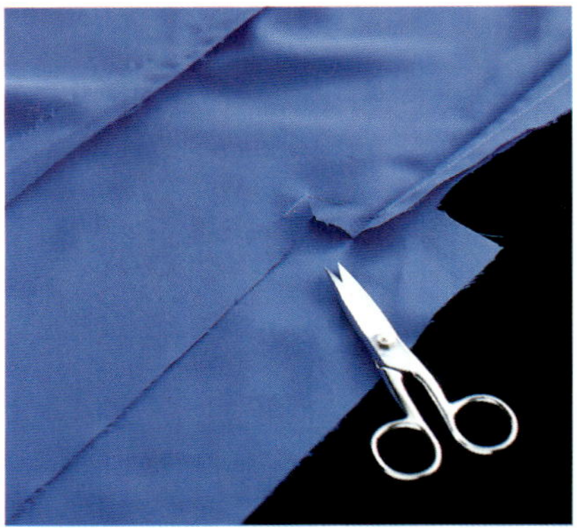

1) Futter zusammennähen (S. 46/47). Schlitzübertritt bis auf 2 cm Nahtzugabe ausschneiden. Das Untertrittende mit kleinen Stichen sichern, zur Schlitzmarkierung hin einknipsen.

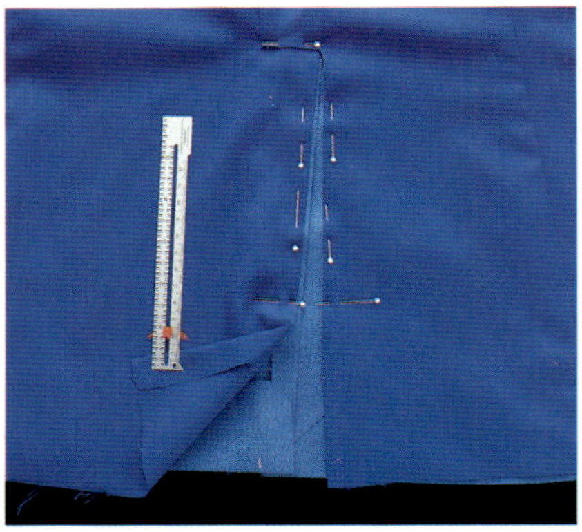

2) Die Nahtzugaben der Über- und Untertrittkanten nach links umbügeln. Das Futter einnähen (S. 47, Punkt 4–7), am Schlitz bis ca. 10 cm vor die Saumkanten aufstecken.

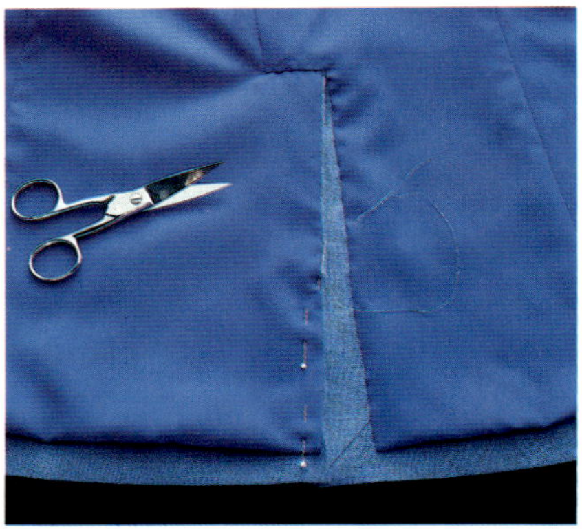

3) Das Futter säumen und eine Querfalte einlegen. Dann das Futter auf Saum- und Schlitzkanten nähen, wie auf S. 48 unter Punkt 1 und 2 für das Vorderteil beschrieben.

Die Futteransatznähte paspeln

1) Aus kontrastfarbenem Futterstoff 4,5 cm breite Schrägstreifen auf die Länge der Futteransatzkanten plus ca. 7,5 cm zuschneiden. Den Streifen um eine dünne Kordel herum doppelt legen und mit dem Reißverschlußfuß dicht an der Kordel durchsteppen.

2) Die Paspel von rechts, Bandende auf Saumkante treffend, auf die Innenkante des Besatzes stecken und mit der Maschine bis an die obere Kante der Saumzugabe aufheften.

3) Das Futter von der Besatzseite aus rechts auf rechts an den Besatz steppen. Das Futter säumen. Das Bandende auf fertige Futterlänge einschlagen. Die restlichen Paspel- und Futterkanten mit Staffierstichen ansäumen. Alle Nahtzugaben in das Futter bügeln.

4) Ohne rückwärtigen Halsausschnittbesatz. Futter an Armausschnitten und rückwärtigem Halsausschnitt feststecken. Rückwärtige Schulternahtzugaben eingeschlagen auf die vorderen heften. Halsausschnitt und Schulternahtzugaben mit Staffierstichen aufsäumen.

Zwischenfutter

Jacken und Mäntel für die kalte Jahreszeit können Sie durch ein warmes Spezialfutter oder mit einer zusätzlich zwischen Oberstoff und Futter eingearbeiteten Stofflage isolieren. Damit dieses Zwischenfutter nicht zu stark aufträgt, sollte es aus einem möglichst dünnen Stoff mit guten Isoliereigenschaften bestehen. Gut geeignet sind Stoffe wie Flanell oder Watteline, die aufgrund ihrer Oberflächenstruktur oder Webart viel Luft speichern. Das Zwischenfutter wird in der Regel nach dem Futterschnitt zugeschnitten. Da aber auch das dünnste Zwischenfutter noch aufträgt, müssen schon beim Zuschneiden des Oberstoffs zusätzliche Bewegungszugaben eingerechnet werden. Dies gilt vor allem für schmal geschnittene Jacken, bei denen der Spielraum der normalen Bewegungszugaben meist schon durch das Futter ausgeschöpft ist. Aus dem gleichen Grund sollten Ärmel nur dann ein Zwischenfutter erhalten, wenn das Material sehr dünn oder der Ärmel sehr weit geschnitten ist.

Ein Zwischenfutter einarbeiten

1) **Das Zwischenfutter** nach Vorder- und Rückenteil des Futterschnitts, jedoch ohne die rückwärtige Bewegungsfalte zuschneiden. Die Schnittmarkierungen übertragen.

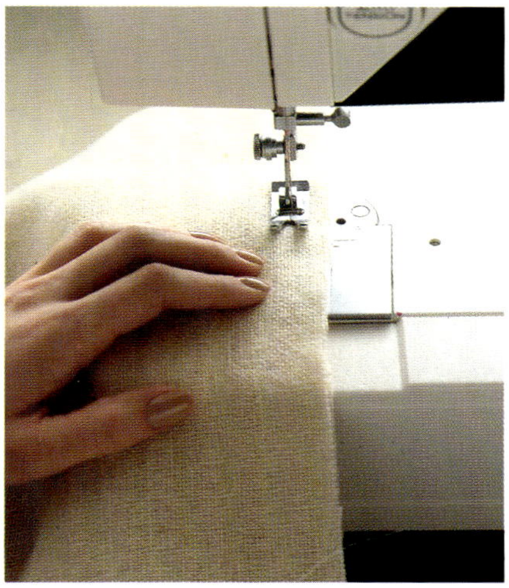

2) **Die Abnäher** und die rückwärtige Mittelnaht schließen. (Bei gerade geschnittenen Jacken kann das Rückenteil eventuell auch ohne Naht im Stoffbruch zugeschnitten werden.)

3) **Im Futter** die Abnäher schließen und die rückwärtige Bewegungsfalte arbeiten (S. 46, Punkt 2).

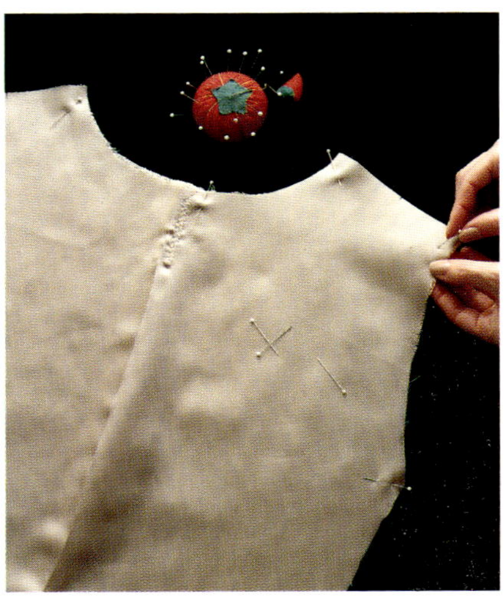

4) **Das Zwischenfutter** von links auf das Futter stecken und von der Futterseite aus 1,2 cm von den Schnittkanten entfernt mit der Maschine festheften.

5) **Die Nähte** steppen. Zwischenfutter dicht an den Nähten abschneiden, Zugaben auseinanderbügeln. Futter einnähen. Saumbruch einbügeln.

6) **Zwischenfutter** an der Futtersaumlinie abschneiden und aufheften. Futtersaum umsteppen und mit Garnriegeln befestigen (S. 48).

Teilfutter

Bei leichten, sommerlichen Jacken können Sie auf das durchgehende Futter verzichten und die Jacke nur im oberen Bereich füttern. Dazu wird das Futterteil nach dem Rückenteilschnitt bis ca. 7,5 cm unter die Armausschnittkante zugeschnitten und gleichzeitig das vordere Besatzteil in gleicher Länge bis an die Seitennähte vergrößert. Bei ungefütterten oder nur teilweise gefütterten Jacken kommen Sie allerdings nicht umhin, die dann offenliegenden Nahtzugaben, vor allem bei leicht fransenden Stoffen, sorgfältig zu versäubern. Um sich diese Arbeit zu erleichtern, sollten Sie von vornherein ca. 2,5 cm breite Nahtzugaben anschneiden. Die sauberste Verarbeitung bietet die allerdings recht aufwendige Hongkong-Einfassung. Wo dagegen die Nähte nur wenig auftragen dürfen, ist eine flache Overlock-Versäuberung die beste Alternative.

Drei Möglichkeiten der Nahtversäuberung

Absteppen. Bei leichten bis mittelschweren Stoffen die Nahtkanten 6 mm breit absteppen, an der Stepplinie umbügeln und den Bruch knappkantig absteppen.

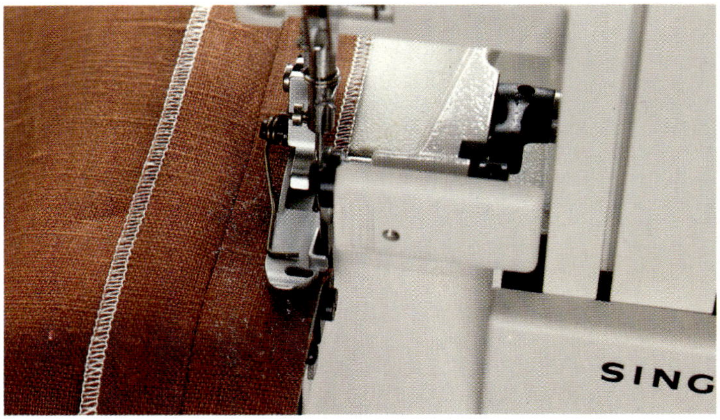

Overlock. Die Nahtzugaben einzeln mit einer Overlock versäubern. Für besondere Effekte kann dazu auch kontrastfarbenes Ziergarn verwendet werden.

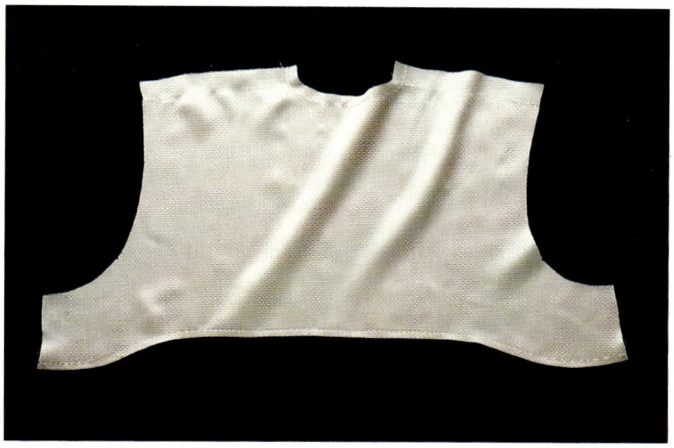

1) **Auf Halsausschnitt- und Schulterkanten** des rückwärtigen Futterteils eine Stütznaht steppen. Die untere Kante zweimal ca. 6 mm breit einschlagen, absteppen.

2) **Die vorderen Besätze** an der Unterkante versäubern und an den Seitennähten rechts auf rechts so an das rückwärtige Futterteil steppen, daß die versäuberten Unterkanten genau aufeinandertreffen. Die Nahtzugaben in das Futterteil gerichtet bügeln.

3) **Den Halsausschnitt** nach Bedarf einknipsen. Am rückwärtigen Halsausschnitt und an den Schulterkanten die Nahtzugaben einschlagen. Das Futter feststecken, an Halsausschnitt und Schultern mit Staffierstichen festnähen, an den Armausschnitten festheften.

4) **Die seitlichen Nahtzugaben** von Futter- und Oberstoff mit großen, lockeren Stichen aufeinanderheften. Die unteren Besatzkanten mit Staffierstichen entlang der Saumkante aufnähen. Das Ärmelfutter einnähen (S. 48).

Hongkong-Einfassung. 1) Von rechts 2,5 cm breite Schrägstreifen, 3 mm von der Kante entfernt, leicht gedehnt auf die Zugaben steppen. Nach außen bügeln.

2) **Den Streifen** auf die Unterseite umlegen und von rechts in der Ansatznaht feststeppen. Die überstehende Streifenkante auf ca. 6 mm zurückschneiden.

BRAZIL

Gewußt wie...

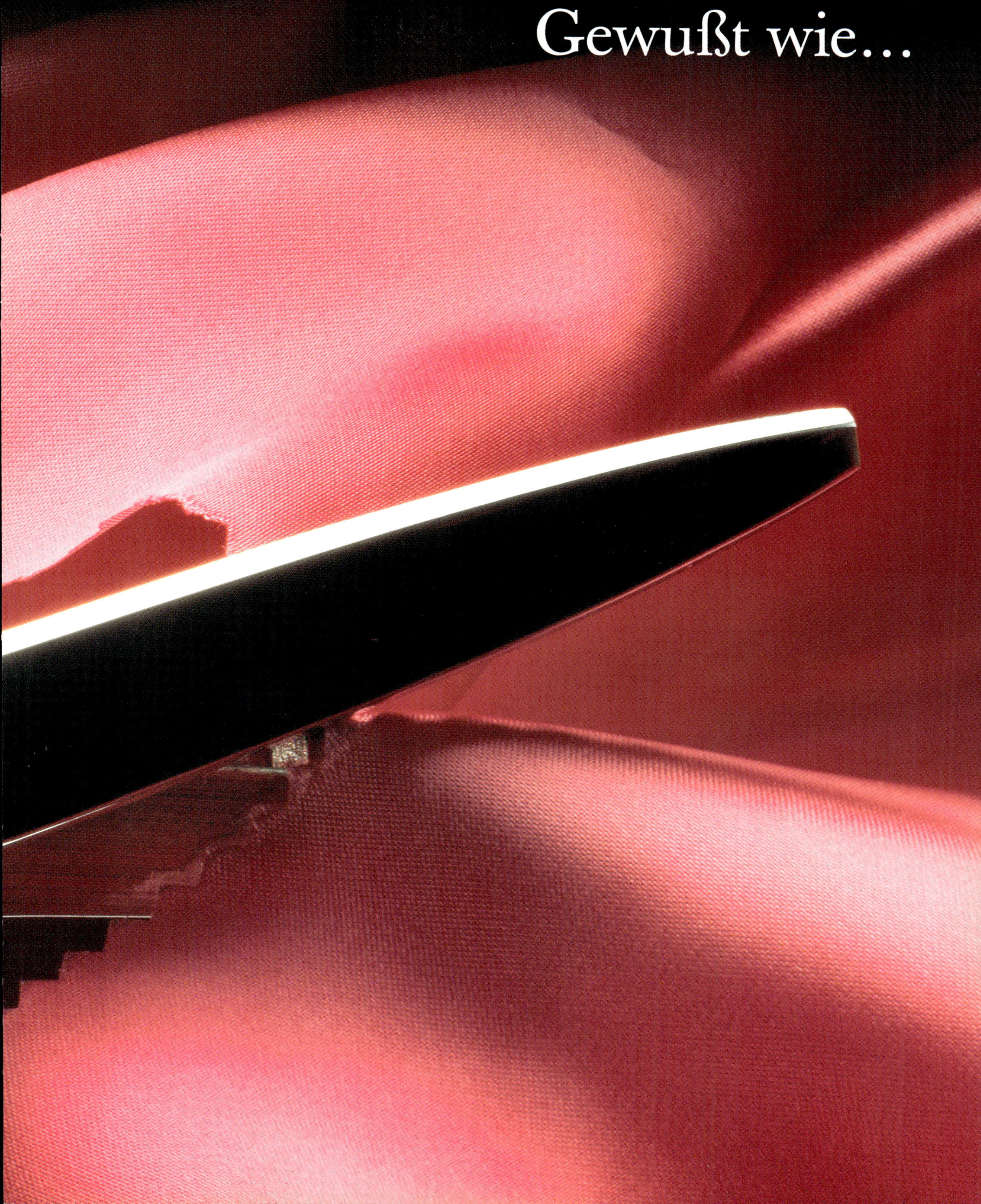

Nahtzugaben richtig beschneiden

Flache, geradlinige Kanten mit nahezu unsichtbaren Nähten gehören zu den wichtigsten Merkmalen guter schneidertechnischer Verarbeitung. Eine Voraussetzung dafür ist das richtige Zurückschneiden der Nahtzugaben, durch das die Dicke der Stofflagen von der Kante her stufenweise „abgebaut" wird. Gleichzeitig wirkt die breitere Zugabe der oberen Stofflage wie eine Art Puffer, der verhindert, daß sich die schmalere Zugabe der unteren Stofflage als scharfe Kante auf dem Oberstoff abzeichnet. Auch Verdickungen an Nahtkreuzungen lassen sich durch richtiges Beschneiden der Nahtzugaben auf ein Minimum reduzieren.

Um Verdickungen soweit wie möglich zu verringern, werden zusätzlich auch noch die Nahtzugaben von Näheinlage und Zwischenfutter bis dicht an die Naht zurückgeschnitten. Bei Bügeleinlage ist das nicht notwendig, weil sie einerseits weniger stark aufträgt, andererseits jedoch vor allem bei locker gewebten Stoffen oder engen Nahtrundungen die Stoffkanten so weit stabilisiert, daß sie auch knapp beschnitten nicht mehr ausfransen.

Tips zum Beschneiden von Nahtzugaben

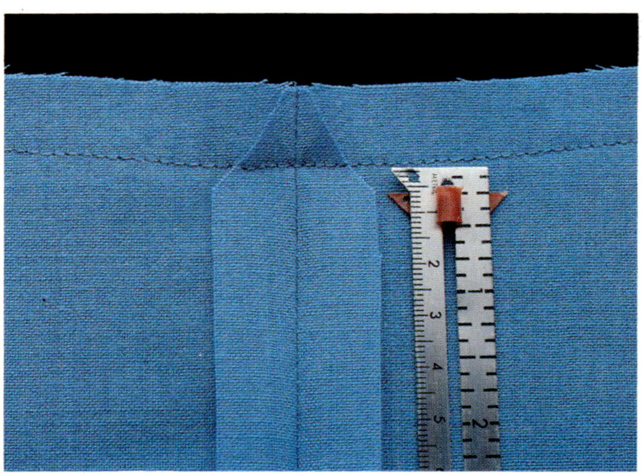

An Nahtkreuzungen die auseinandergebügelten Zugaben, etwa 6 mm unterhalb der Naht beginnend, zu den Stoffkanten hin spitz zulaufend zurückschneiden.

An Nahtecken die Nahtzugaben zuerst quer zur Spitze dicht an der Naht abschneiden, dann beidseitig zur Spitze hin abschrägen.

Bei eingeschlossenen Nähten die Nahtzugaben so zurückschneiden, daß die Zugabe der äußeren Stofflage etwas breiter ist als die der inneren.

Am Halsausschnitt nur die Nahtzugabe des Besatzes auf etwa 6 mm zurückschneiden. Die Zugabe des Oberstoffs wird nicht beschnitten!

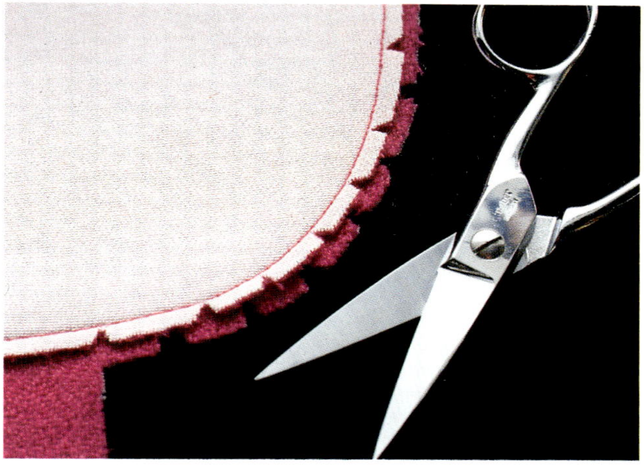

An Außenrundungen die Zugaben von Oberstoff und Besatz wechselweise versetzt einkerben, an engen Rundungen in kurzen, an flachen Rundungen in etwas größeren Abständen.

Am Saum die Nahtzugaben zuerst in der Bruchkante einkerben, dann unterhalb der Bruchkante auf 6 mm zurückschneiden und die Enden abschrägen.

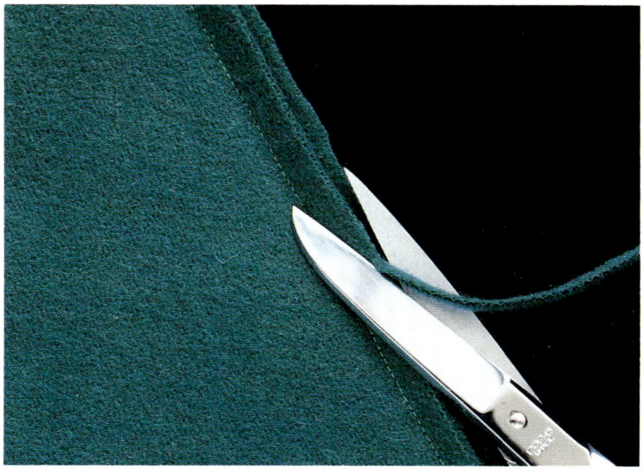

Bei dicken Stoffen die Kanten der Nahtzugaben nach dem Zurückschneiden zusätzlich mit einer scharfen Schere abschrägen.

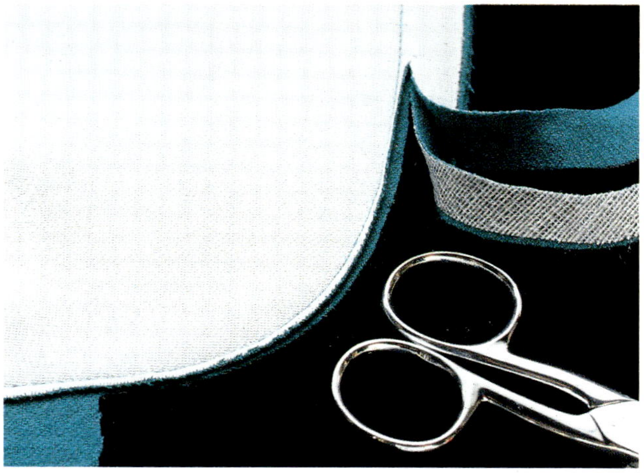

Bei Verwendung von Bügeleinlage Rundungen mit kleinen Stichen steppen, die Zugabe der verstärkten Stofflage an der Rundung auf 3 mm zurückschneiden.

Die richtige Bügeltechnik

Das korrekte Beschneiden der Nahtzugaben allein reicht nicht aus, solange die richtige Bügeltechnik fehlt. Andererseits bleibt auch das sorgfältigste Bügeln wirkungslos, wenn die Nahtzugaben nicht richtig beschnitten wurden. Ziel aller Bemühungen ist es ja, möglichst gerade, glatte und flache Nähte und Kanten zu erzielen, was sich nur durch eine fachgerechte Kombination beider Techniken erreichen läßt.

Mit der richtigen Bügeltechnik lassen sich Verdickungen an Nähten, Säumen und Kanten auf ein Minimum reduzieren, ohne daß sich Besätze oder Nahtzugaben rechts abzeichnen. Korrektes Bügeln sorgt auch dafür, daß gerundete Nähte und Abnäher in Form bleiben und die überschüssige Weite aus Armkugeln und Saumzugaben herausgenommen wird, ohne daß Struktur, Farbe oder Griffigkeit des Stoffes darunter leiden.

Bügeltips

Die Einstellung des Bügeleisens und die Wirkung von Dampf an Stoffresten und Probenähten testen.

Das Bügeleisen sanft aufsetzen und wieder anheben; nie über den Stoff schieben!

Jede Naht ausbügeln, bevor sie in kreuzende Nähte gefaßt wird.

Möglichst nur von links bügeln. Wenn unbedingt von rechts gebügelt werden muß, stets ein Bügeltuch verwenden, damit der Stoff nicht „überbügelt" wird und so Struktur, Griffigkeit und Optik einbüßt.

Stecknadeln oder Heftfäden nicht überbügeln.

Darauf achten, daß sich die Nähte beim Bügeln nicht verziehen oder ausdehnen. Gerade Nähte sollten auch wirklich pfeilgerade verlaufen. Gerundete Nähte werden über einem Bügelkissen in Form gebracht.

Damit sich der Stoff nicht verzieht, gebügelte Teile möglichst in Bügelstellung auskühlen lassen und nur, falls unumgänglich, *mit beiden Händen* vorsichtig aufnehmen und transportieren.

Richtig gebügelt

Korrekt gebügelte Nähte, Abnäher und Kanten sind gerade, glatt und flach, ohne erkennbare Nahtabdrücke oder Veränderung der ursprünglichen Eigenschaften des Stoffes.

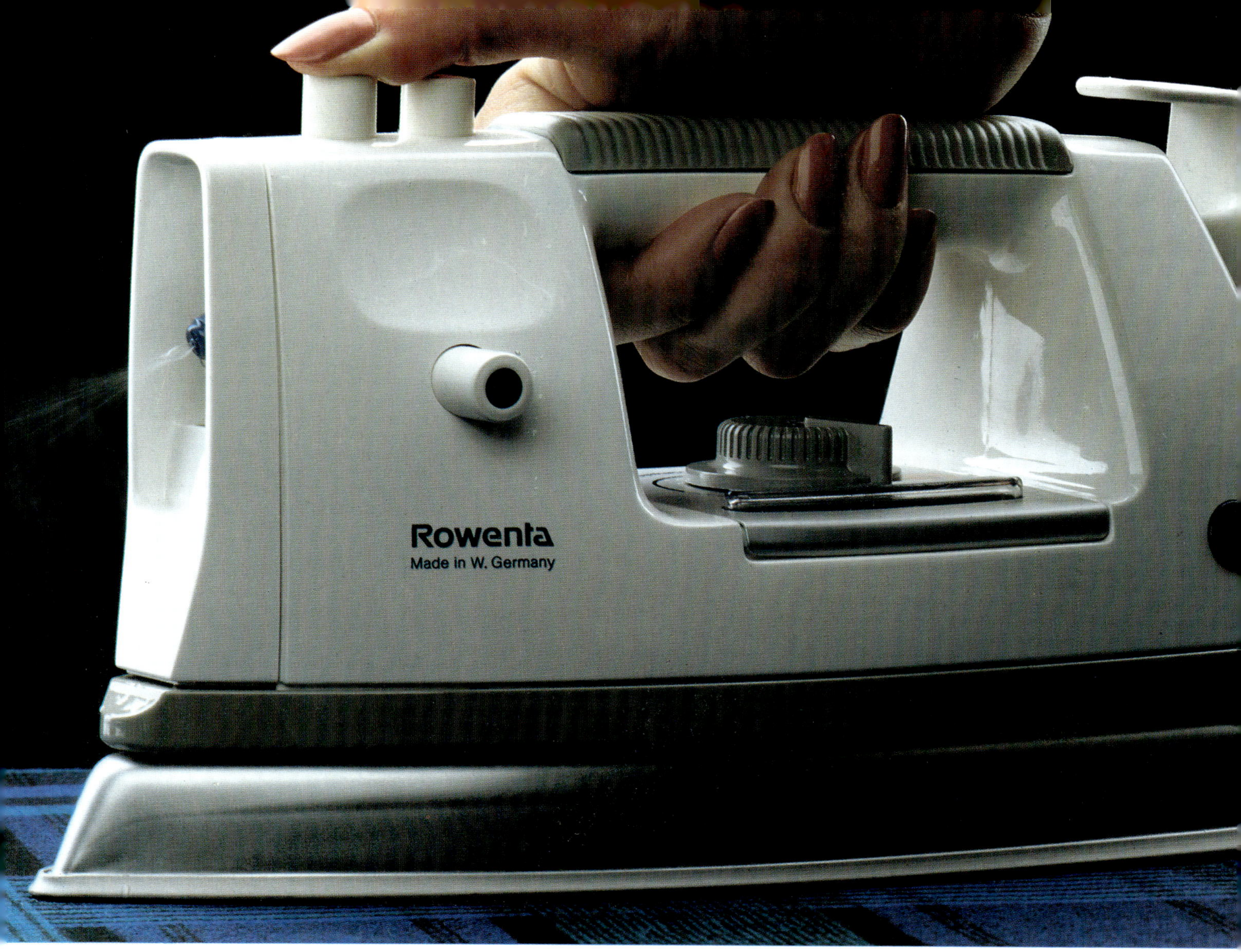

Zu stark gebügelt

Nahtzugaben und Besätze drücken sich durch. Zu große Hitze und/oder zu starker Druck machen den Stoff schlaff und verursachen Glanzstellen. Bei zuviel Feuchtigkeit können die Nähte einlaufen und kräuseln.

Zu schwach gebügelt

Kanten und Nähte sind immer noch zu stark gerundet und wirken ungleichmäßig.

Die richtige Handhabung des Schlagholzes

a) **Offene Nähte.** Die Naht abschnittsweise dämpfen. Dabei das Schlagholz mit beiden Händen so lange fest auf den noch feuchten und heißen Stoff pressen, bis der Stoff ausgekühlt und trocken ist.

b) **Eingeschlossene Nähte.** Die Kante abschnittsweise dämpfen und den noch feuchten, heißen Stoff mit dem Schlagholz je nach Dicke des Materials mit mehr oder weniger Kraftaufwand sorgfältig flachklopfen.

Eingeschlossene Nähte bügeln

1) **Die Naht** von beiden Seiten flachbügeln. Die Nahtzugaben zurückschneiden und einknipsen oder einkerben (S. 56/57), dann über einem Nahtholz oder einer Nahtrolle auseinanderbügeln.

2) **Die Teile** *links auf links* legen, dabei die Naht leicht auf die Unterseite rollen. Die Kante mit Nähseide durchheften, dämpfen und mit dem Schlagholz flachklopfen. Gründlich trocknen lassen. Die Heftfäden herausziehen.

Eine gerade Naht bügeln

1) **Zuerst** die Naht von beiden Seiten flachbügeln.

2) **Dann** das Teil auf eine Nahtrolle legen. Die Nahtzugaben mit den Fingern oder dem stumpfen Ende eines Spitzenwenders ausstreichen, kräftig eindampfen und mit der Spitze des Bügeleisens auseinanderbügeln.

3) **Bei sperrigen** und steifen Stoffen eventuell mit dem Schlagholz Hitze und Feuchtigkeit nachhaltig in den Stoff pressen.

4) **Das Teil** umdrehen und die Naht von rechts unter einem Bügeltuch fertigbügeln. Dabei immer im Fadenlauf bügeln und das Eisen unter leichtem Druck aufsetzen und anheben, *nicht schieben!*

Gerundete Nähte bügeln

1) **Nach außen** gerundete Nähte einkerben, um überschüssige Weite aus den Nahtzugaben herauszunehmen, nach innen gerundete Nähte nur einknipsen (S. 33). Die Naht von beiden Seiten flachbügeln.

2) **Die Naht** der Rundung entsprechend über ein Bügelkissen legen. Die Zugaben auseinanderbügeln, dann die Naht von rechts fertigbügeln, wie oben unter Punkt 2, 3 und 4 beschrieben.

Abnäher bügeln

Abnäher sind Formnähte, mit deren Hilfe ein flaches Stück Stoff den Rundungen des Körpers angepaßt wird. Richtig gebügelt sorgen sie dafür, daß die so „eingesteppte" Form auf Dauer erhalten bleibt. Sofern im Schnitt nicht anders angegeben, senkrechte Abnäher jeweils zur Mitte, waagerechte nach unten bügeln.

Grundanleitung

1) **Die Abnähernaht** zunächst vom breiten Ende her bis etwa 1 cm vor die Spitze von beiden Seiten flachbügeln und gegebenenfalls mit einem Schlagholz flachdrücken. Nicht über die Spitze hinausbügeln!

2) **Den Abnäher** mit der Nahtzugabe nach oben über ein Bügelkissen legen. Papier oder dünne Pappe unter die Zugabe legen und den Abnäher vom breiten Ende her bis ca. 1 cm vor die Spitze *quer* abbügeln.

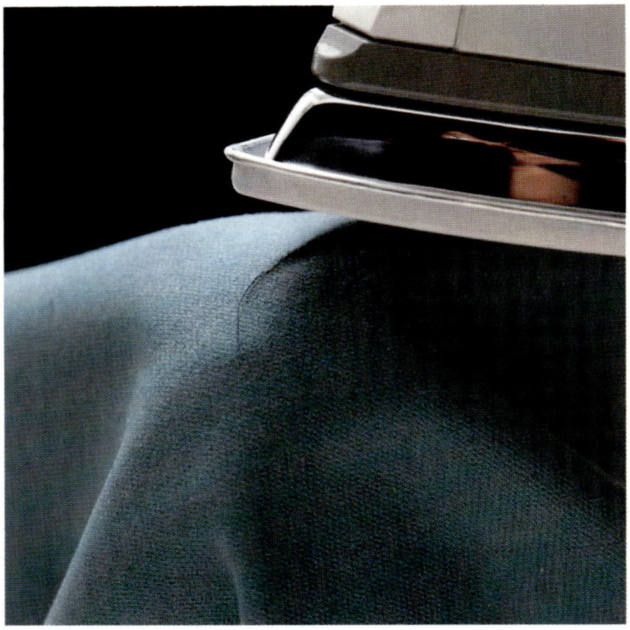

3) **Die Abnäherspitze** über das schmale Ende des Bügelkissens legen und vorsichtig in das Teil hinein auslaufend bügeln.

4) **Dann den Abnäher** unter einem Bügeltuch noch einmal von rechts bis kurz vor die Spitze und danach die Spitze wie unter Punkt 3 beschrieben bügeln.

Abnäher-Varianten

Breite Abnäher. Das breite Ende des Abnähers auf 1,2 cm zurückschneiden, auseinanderbügeln, dann die nicht aufgeschnittene Spitze, eventuell über einer Stricknadel, zur Seite oder zur „Tüte“ flachbügeln. Dann den Abnäher von rechts fertigbügeln.

Taillenabnäher. Die Abnäherzugabe an der breitesten Stelle ein- oder zweimal bis ca. 3 mm vor die Naht einknipsen. Dann den Abnäher jeweils von der Mitte zu den Spitzen hin bügeln, wie auf S. 64, Punkt 1–4, beschrieben.

Abnäher in dünnen Stoffen. Die Naht *ohne scharfen Bruch* flachbügeln. Abnäher auf ein Bügelkissen legen, Papier unter die Zugaben schieben, bis 1,2 cm vor die Spitze flachbügeln. Spitze über dem Kissenende bügeln, Abnäher von rechts fertigbügeln.

Bügelfehler korrigieren

Heftnaht-Abdrücke. Ein mehrlagig gefaltetes, gut angefeuchtetes Bügeltuch auf den Stoff legen und das Bügeleisen dicht über das Tuch halten, aber nicht aufsetzen!

Bügelglanz. Bei farbechten Stoffen (ausprobieren!) die betroffene Stelle mit einer Mischung aus 1–2 Teelöffeln Weißweinessig und 1 Tasse Wasser abtupfen und unter einem Bügeltuch vorsichtig nachbügeln.

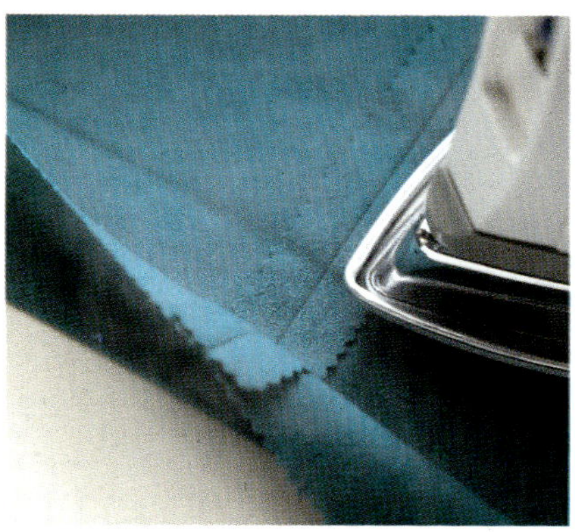

Kanten-Abdrücke. Die Spitze des Bügeleisens unter die Naht- oder Saumkante schieben und den Abdruck ausdämpfen. Papier zwischenlegen und die Zugabe nachbügeln.

Nadeleinstiche. Nach dem Auftrennen einer Naht sichtbar gebliebene Nadeleinstiche kräftig bedampfen und mit einer weichen Kleider- oder Zahnbürste vorsichtig ausbürsten.

Flachgepreßter Flor. Die betroffenen Stellen kräftig bedampfen und den Flor mit einer weichen Kleiderbürste behutsam wieder aufbürsten.

Selbstgemachte Bügelhilfen

Wenn Sie Ihr Kleidungsstück fachgerecht bügeln wollen, kommen Sie ohne bestimmte Bügelhilfen einfach nicht aus. Leider sind diese Bügelhilfen fast ausschließlich im Schneiderei-Fachbedarf erhältlich und meist auch nicht gerade billig.

Aber es geht auch anders. Zumindest die wichtigsten Teile wie Nahtrollen oder Bügelkissen können Sie mit relativ wenig Aufwand ganz leicht selbst herstellen.

Für eine gepolsterte, feuchtigkeitsspeichernde Nahtrolle beispielsweise brauchen Sie ein 2,5 cm dickes Rundholz oder eine feste Schaumstoffrolle (gibt es in Baumärkten und Bastelgeschäften), jede Menge Wollstoffreste und ein Stück farbneutralen Wollmusselin für den Überzug. Wenn Sie nicht so viele Stoffreste haben oder irgendwo billig erstehen können, kann die Schaumstoffrolle etwas größer ausfallen. Die Dicke des Stoffpolsters sollte jedoch mindestens 1 cm betragen, bei einer Rundholzeinlage natürlich entsprechend mehr. Nach dem gleichen Prinzip können Sie sich auch ein Bügelkissen basteln. Den passenden Schaumstoffkern können Sie sich in jedem Schaumstofflager nach Maß zuschneiden lassen.

Für einfachere Nahtrollen genügen schon einige fest zusammengerollte und in passend genähte Musselinhüllen geschobene Zeitschriften sowie zwei oder drei Rundhölzer in verschiedenen Stärken.

Eine gepolsterte Nahtrolle basteln

1) Stoff auf die Länge des Einlagekerns plus 1,2 cm zuschneiden, festkleben oder -tackern und in dichten Lagen fest auf die gewünschte Dicke aufrollen. Mit Gummibändern halten und die Stoffkante festnähen.

2) Wollmusselin auf die Länge des Einlagekerns plus 2x Gesamtdurchmesser zuschneiden und in 4–5 Lagen um die fertige Rolle wickeln. Die Enden sternförmig einschlagen und fest aufeinandernähen.

Rundhölzer als Bügelhilfen

Dünne Rundhölzer von ca. 1 cm Durchmesser eignen sich vor allem zum Ausbügeln schwer zugänglicher Nähte wie zum Beispiel an Manschetten, Trägern oder Bundenden.

Dickere Rundhölzer von ca. 2,5 cm Durchmesser sorgen dafür, daß sich die Kanten der Nahtzugaben nicht auf dem Oberstoff abzeichnen.

Einen Schnitt abnehmen

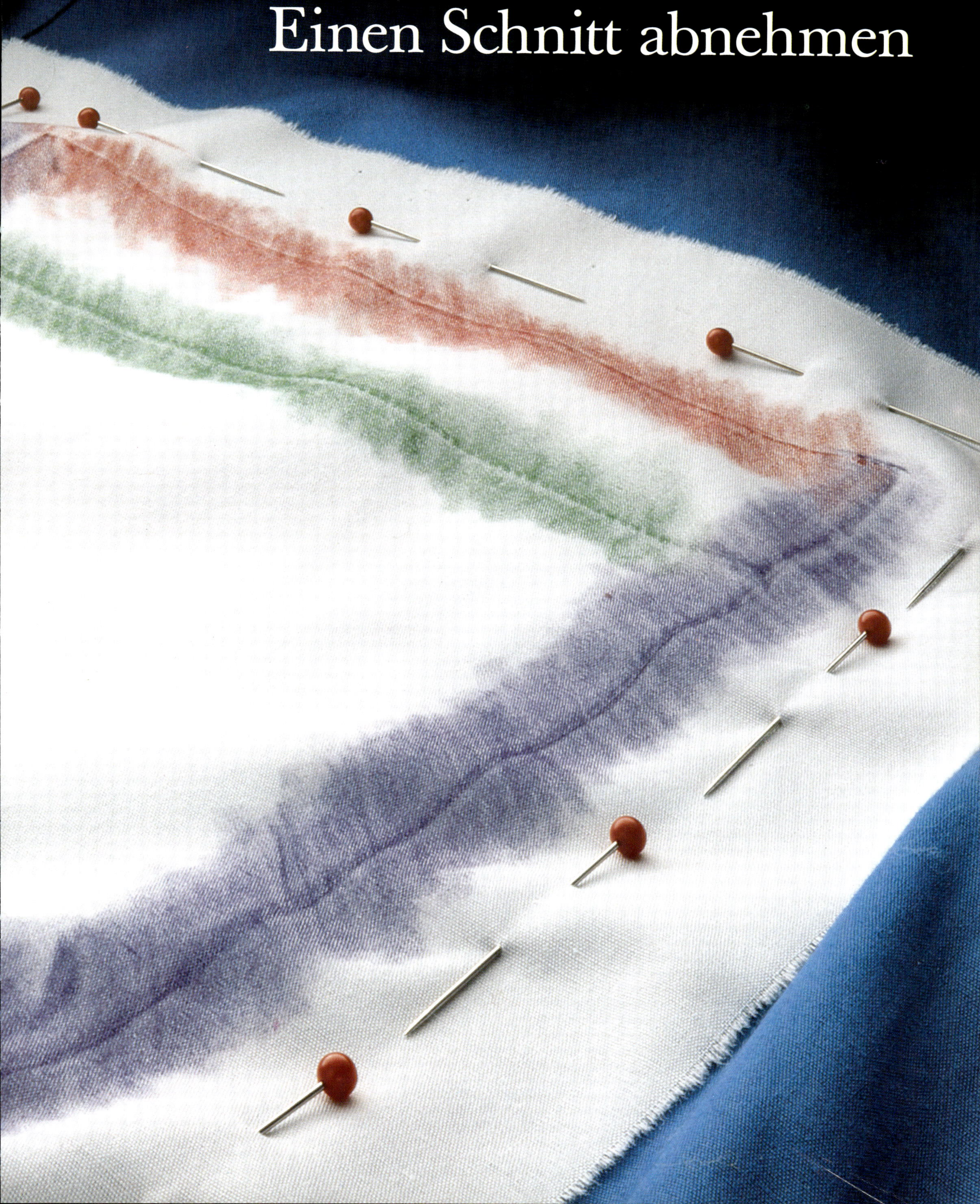

Die Abreibetechnik

Vermutlich haben auch Sie so ein heißgeliebtes Stück im Schrank, das Sie gerne in einer anderen Version noch einmal haben möchten, weil es einfach perfekt sitzt. Bei alten „Klamotten" ist das kein Problem, die können Sie auftrennen und die Teile als Schnittmuster verwenden.

In diesem Kapitel möchten wir Ihnen nun zeigen, wie Sie den Schnitt auch anders abnehmen können. Er wird dabei in etwa so abgerieben wie das Relief einer Münze. Die Kanten und Nähte aller Teile werden mit Hilfe eines weichen Bleistifts auf einen dünnen Stoff gerieben. Dazu eignen sich Nessel, dünner Baumwoll-Musselin oder auch ein altes Bettlaken, das durch viele Wäschen weich geworden ist. Voraussetzung ist jedoch, daß das betreffende Kleidungsstück nicht allzu kompliziert geschnitten ist, andernfalls brauchen Sie jede Menge Zeit – und Geduld.

Bei dieser Art der Schnittherstellung sollten Sie in jedem Fall vor dem Zuschneiden des Originalstoffs ein Probemodell anfertigen. Das muß nicht unbedingt, wie bei Papierschnitten üblich, aus Schnittmuster-Nessel gearbeitet werden, Sie können dazu ohne weiteres auch die fertig abgeriebenen Stoffteile verwenden. Wichtig ist nur, daß Sie die Paßform gegebenenfalls so lange korrigieren, bis alles genauso perfekt sitzt wie beim „Original".

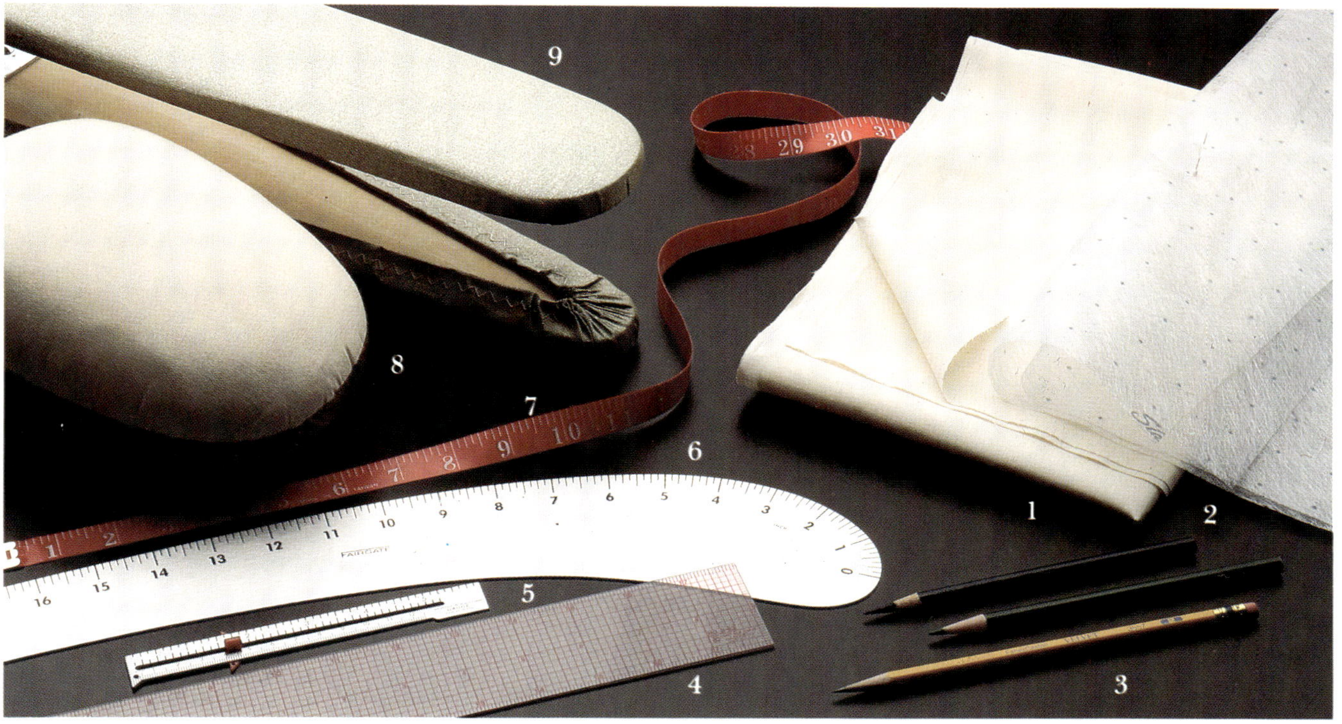

Arbeitsmaterial. Sie brauchen dünnen Nessel oder Baumwoll-Musselin (**1**) als „Pauspapier", Schnittmusterpapier (**2**), einen weichen Bleistift (**3**) zum Markieren des Nessels oder Musselins, ein mindestens 5 x 45 cm großes durchsichtiges Rasterlineal (**4**), eine Nahtlehre (**5**), ein Kurvenlineal (**6**), ein Maßband (**7**), ein Bügelkissen (**8**) zum Kopieren geformter Bereiche und ein Ärmelbrett (**9**) zum Kopieren eingesetzter Ärmel.

Die Hauptlinien übertragen

Längs- und Querfadenläufe auf Kleidungsstück und Nessel markieren. Den Nessel den Fadenläufen entsprechend auf das Kleidungsstück legen.

Beide Stofflagen sorgfältig glattstreichen und feststecken. Nahtlinien und Details wie Knopflöcher oder Taschen mit einem weichen Bleistift nachzeichnen.

Ein Kleidungsstück abreiben

Bevor Sie ein Kleidungsstück kopieren, sollten Sie es sorgfältig bügeln, um so alle Beulen und Knitterfalten zu entfernen. Danach werden zunächst in jedem einzelnen Teil die Längs- und Querfadenläufe markiert. Das Kennzeichnen des Querfadenlaufs ist nur dann erforderlich, wenn Sie Teile mit Kräuseln, Fältchen oder Abnähern kopieren wollen.

Dann werden die gleichen Fadenläufe auf Nessel markiert, dieser den Fadenläufen entsprechend auf das betreffende Teil des Kleidungsstücks gelegt und jeweils von der Mitte aus zu den Nähten hin glattgestrichen und festgesteckt. Dabei die Stecknadeln möglichst dicht setzen, damit sich die Stofflagen nicht verschieben. Nun können die Nahtlinien mit einem weichen Bleistift abgerieben oder nachgezeichnet werden.

Nach dem Kopieren aller Teile des Kleidungsstücks werden die Nesselteile vorsichtshalber nachgemessen und mit den betreffenden Maßen des Kleidungsstücks verglichen. Auch die Nahtlinien der Verbindungsnähte sollten, sofern sie keine Kräusel, Fältchen oder Bequemlichkeitszugaben enthalten, genau die gleiche Länge aufweisen. Danach können Sie alle abgeriebenen Linien begradigen, Naht- und Saumzugaben anzeichnen, jedes Schnitteil namentlich kennzeichnen und eventuell auch die Anzahl der danach zuzuschneidenden Teile angeben.

Bei symmetrisch geschnittenen Kleidungsstücken oder bei großen symmetrischen Schnitteilen, die später im Stoffbruch zugeschnitten werden, genügt es, wenn Sie jeweils nur eine Hälfte kopieren.

Auf diesen und den beiden folgenden Seiten zeigen wir Ihnen, wie flache Schnitteile kopiert werden. Anleitungen für einen eingesetzten Ärmel finden Sie auf S. 74/75 und Anleitungen für Schnitteile mit eingehaltener Weite auf S. 76/77.

1) **Die Nesselteile** jeweils zuzüglich großzügig bemessener Zugaben für Nähte und Säume zuschneiden und die Fadenläufe einzeichnen.

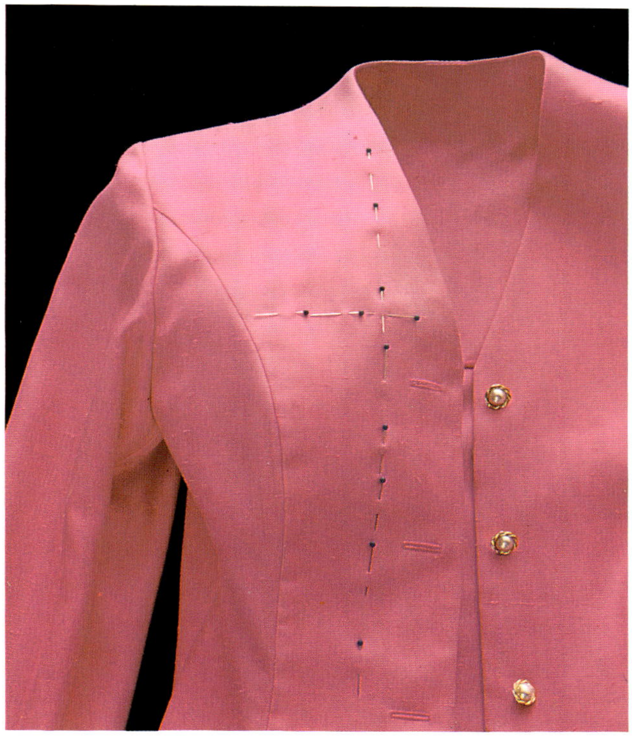

2) **Die Fadenläufe** auf dem Kleidungsstück mit Stecknadeln oder kontrastfarbenen Heftlinien markieren.

3) **Teile,** die im Stoffbruch zugeschnitten werden, in der Mitte falten und den Bruch einheften.

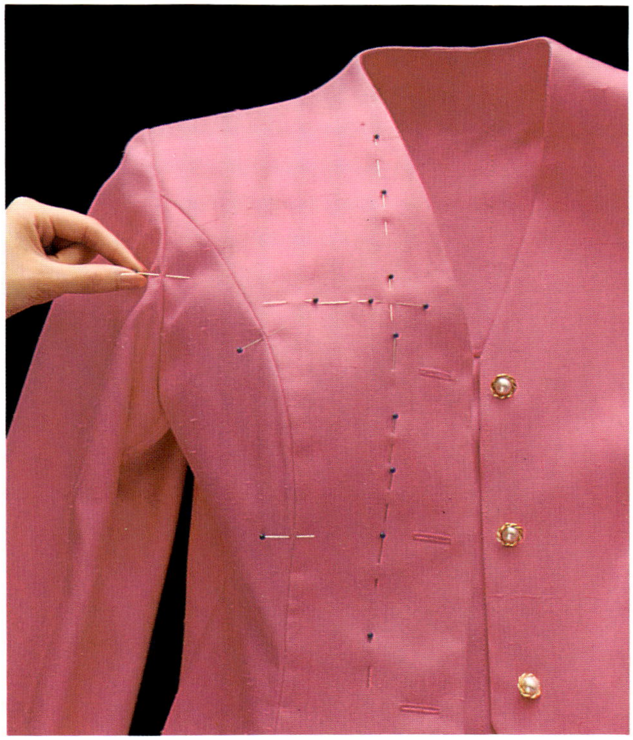

4) **Die Stellen,** an denen Nahtkerben angebracht werden, sowie die Enden eingehaltener und gekräuselter Bereiche mit quer eingesteckten Nadeln markieren.

5) **Nessel** den Fadenläufen entsprechend parallel zu den Konturen und Nahtlinien des betreffenden Teils aufstecken, dabei beide Stofflagen sorgfältig glattstreichen. Eventuell an breiteren Stellen und an Saumlinien den Nessel zusätzlich quer feststecken.

6) **Die Nahtlinien** mit einem weichen Bleistift abreiben, eventuell zusätzlich mit dicht gesetzten Stecknadeln markieren. Details wie Taschen und Knopflöcher sowie die mit quer eingesteckten Nadeln markierten Nahtkerben abreiben. Nessel abnehmen.

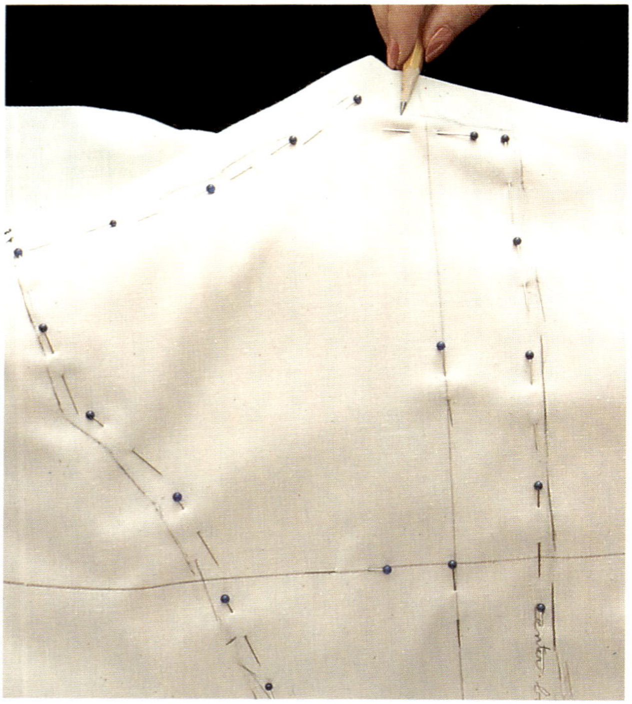

7) **Alle anderen Schnitteile** genauso abreiben, dabei Teile, die im Stoffbruch zugeschnitten werden, nur zur Hälfte kopieren. Die Bruchlinie deutlich markieren.

8) **Die Längen** der Verbindungsnähte sowie alle anderen Abmessungen der Nesselteile mit den Maßen des Kleidungsstücks vergleichen und, wo nötig, korrigieren.

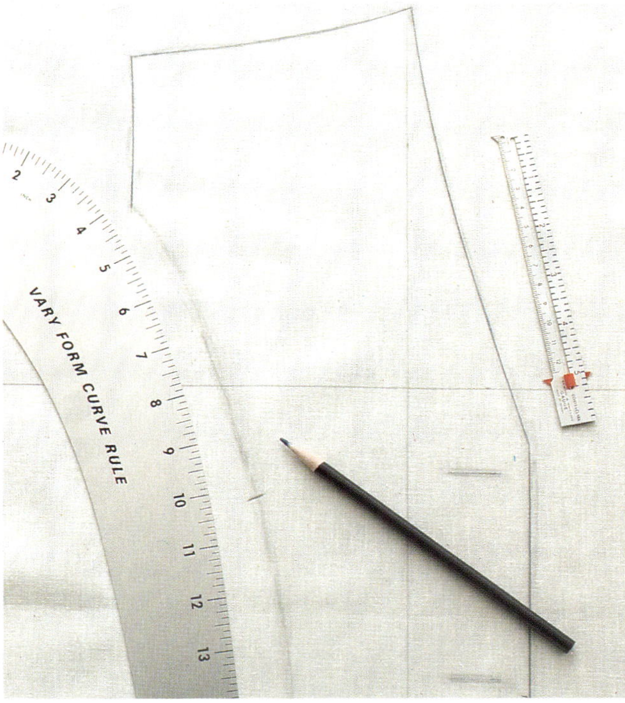

9) **Die abgeriebenen Nahtlinien** korrigieren, gerade Nähte mit einem normalen Lineal, gerundete mit einem Kurvenlineal.

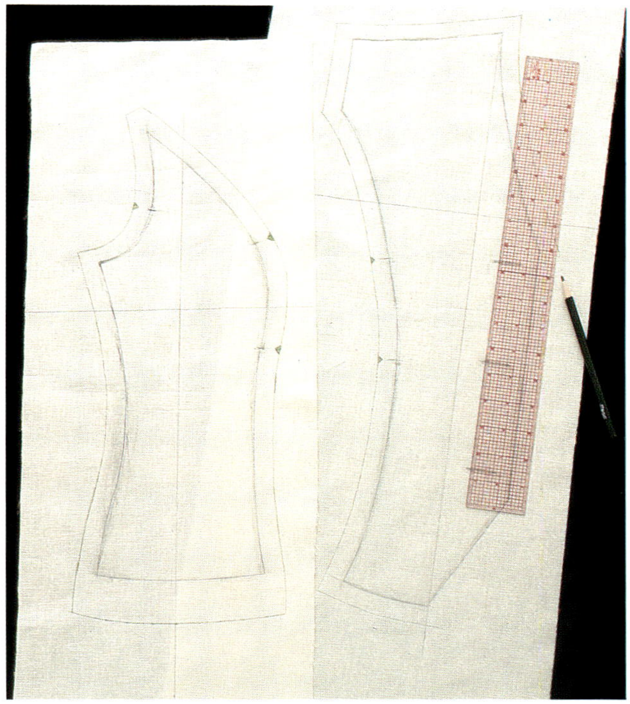

10) **Naht- und Saumzugaben** anzeichnen.

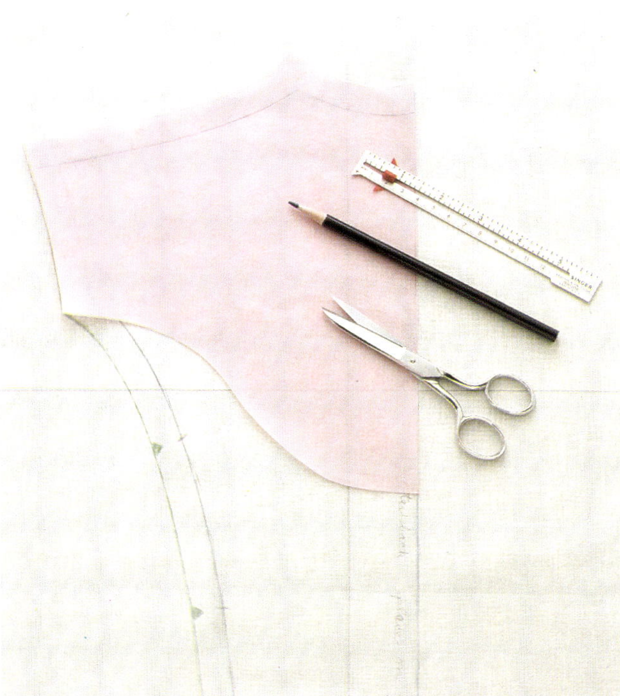

11) **Die Besätze** abreiben oder entlang der Konturen nachzeichnen.

12) **Die Nesselteile** mit Namen und der Anzahl der danach zuzuschneidenden Teile kennzeichnen.

Einen eingesetzten Ärmel kopieren

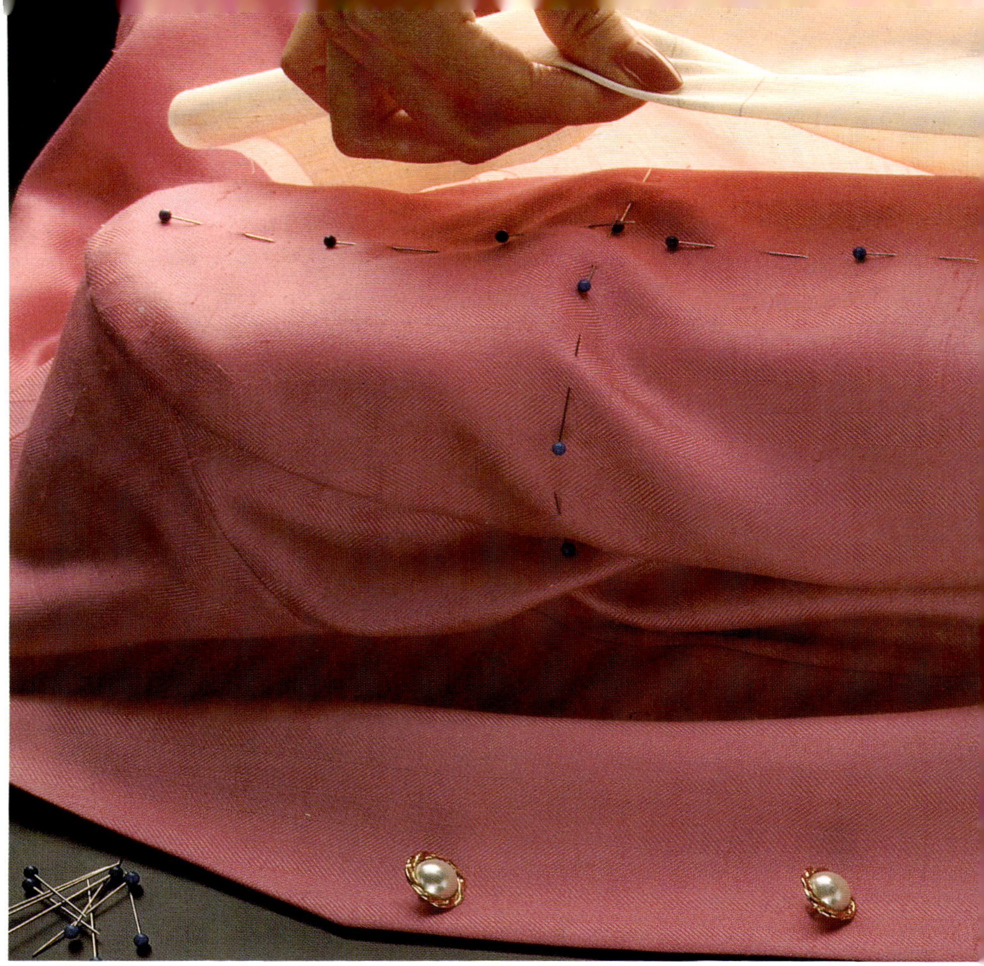

Um einen möglichst originalgetreuen Schnitt des Ärmels zu erhalten, wird der Ärmel über ein Ärmelbrett gezogen, so daß das Nesselteil rundherum aufgesteckt werden kann. Die Armkugel selbst läßt sich am besten über einem Bügelkissen formen.

Bei einem glatt eingesetzten Ärmel sollte die Nahtlinie der Armkugel etwa 2,5–4 cm länger sein als die des Armausschnitts. Da die Armkugel beim Abreiben leicht flachgedrückt wird, ist unter Umständen auch mehr Zugabe erforderlich. Dazu wird die Nahtlinie der Armkugel zwischen den Kerbmarkierungen in einem gleichmäßigen Bogen zum Schulterpunkt hin etwas weiter nach oben verlegt.

Einen eingesetzten Ärmel kopieren

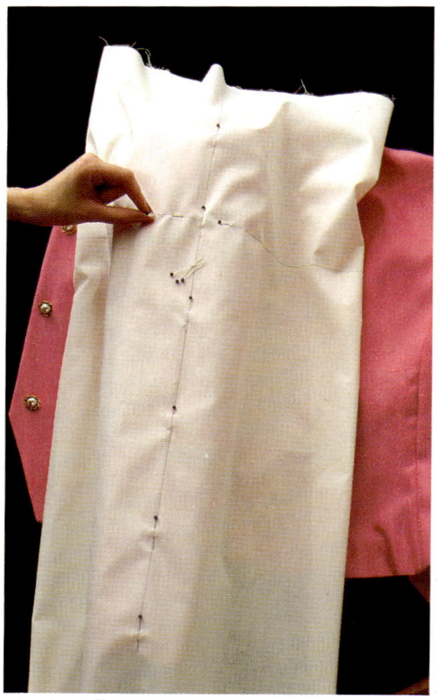

1) **Auf Ärmel** und Nesselteil den Längsfadenlauf, an den Armkugeln in Höhe der Kerbmarkierungen den Querfadenlauf markieren. Ärmel über ein Ärmelbrett ziehen. Das Nesselteil in den Fadenlauflinien feststecken.

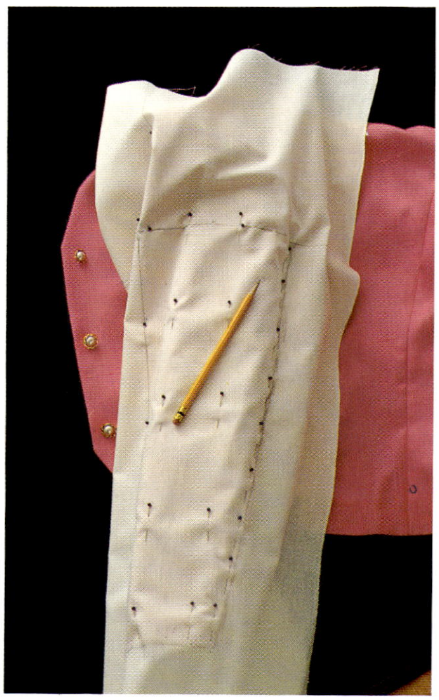

2) **Das Nesselteil** unterhalb der Armkugel in 5–7,5 cm Abständen reihenweise senkrecht auf den Ärmel stecken. Die Ärmelnähte und die Saumlinie abreiben.

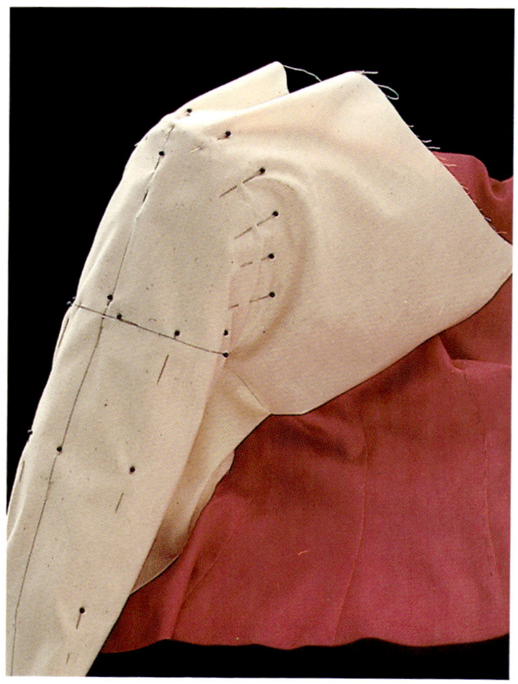

3) **Die Armkugel** über ein Bügelkissen legen. Das Nesselteil rund um die Armkugel so drapieren, daß zwischen den Kerben etwa die doppelte Weite der Armkugel mitgefaßt wird. Das Nesselteil feststecken.

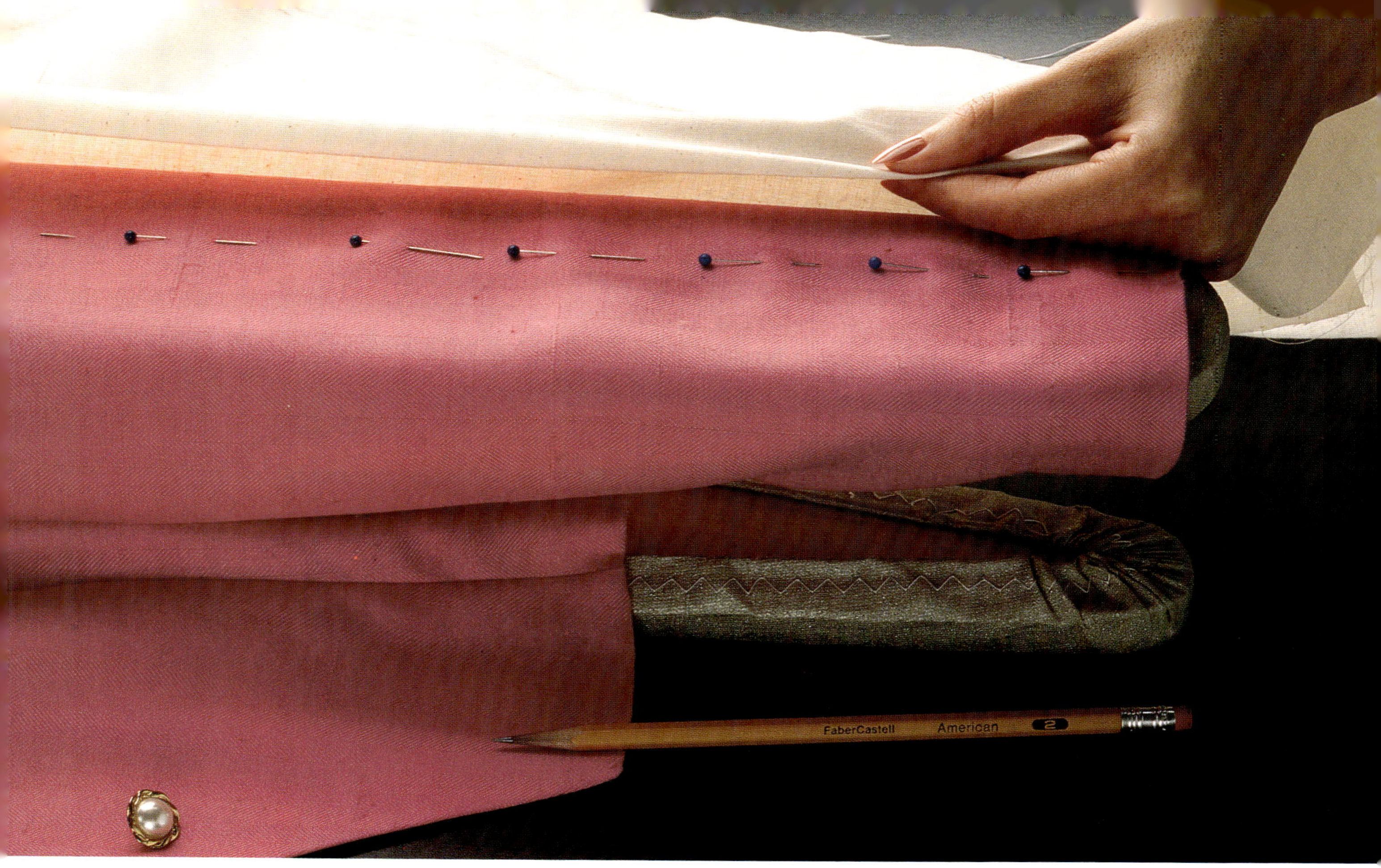

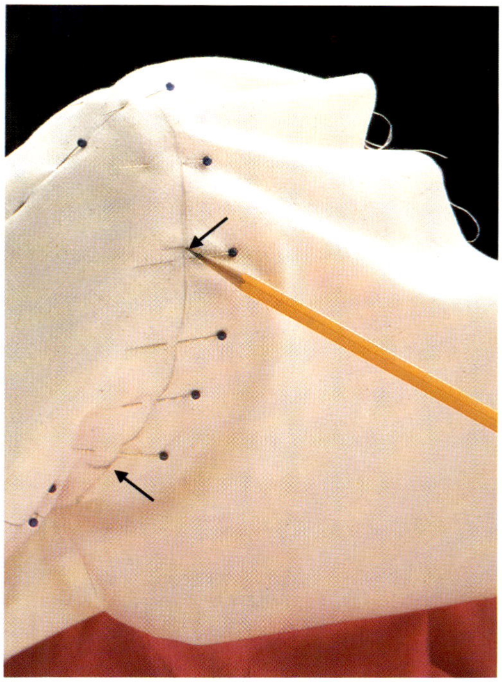

4) **Die Ärmeleinsatznaht** abreiben. Die Kerbmarkierungen entsprechend der Nahtlinien und der Kerbbereiche (Pfeile) kennzeichnen. Die Stecknadeln herausziehen und das Nesselteil abnehmen.

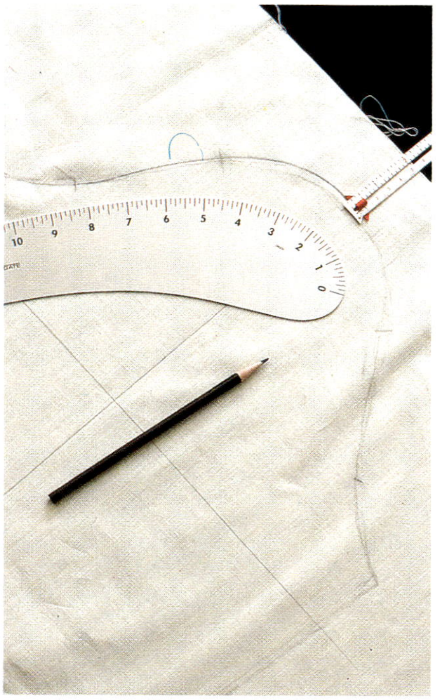

5) **Die Nahtlinien** an Armausschnitt und -kugel vergleichen. Eventuell die Armkugelnaht zwischen den Kerben nach oben verlegen. Für je 6 mm, um die die Linie nach oben verlegt wird, 1,2 cm mehr Weite zugeben.

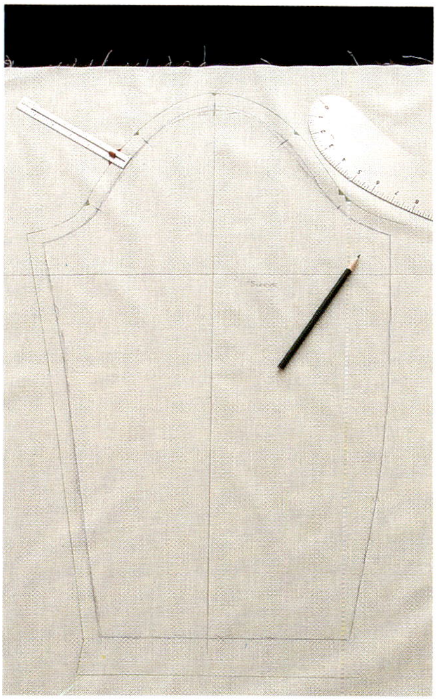

6) **Die Abmessungen** des Nesselteils mit denen des Ärmels vergleichen und eventuell korrigieren. Die Nahtlinien begradigen. Naht- und Saumzugaben anzeichnen. Das Schnitteil beschriften.

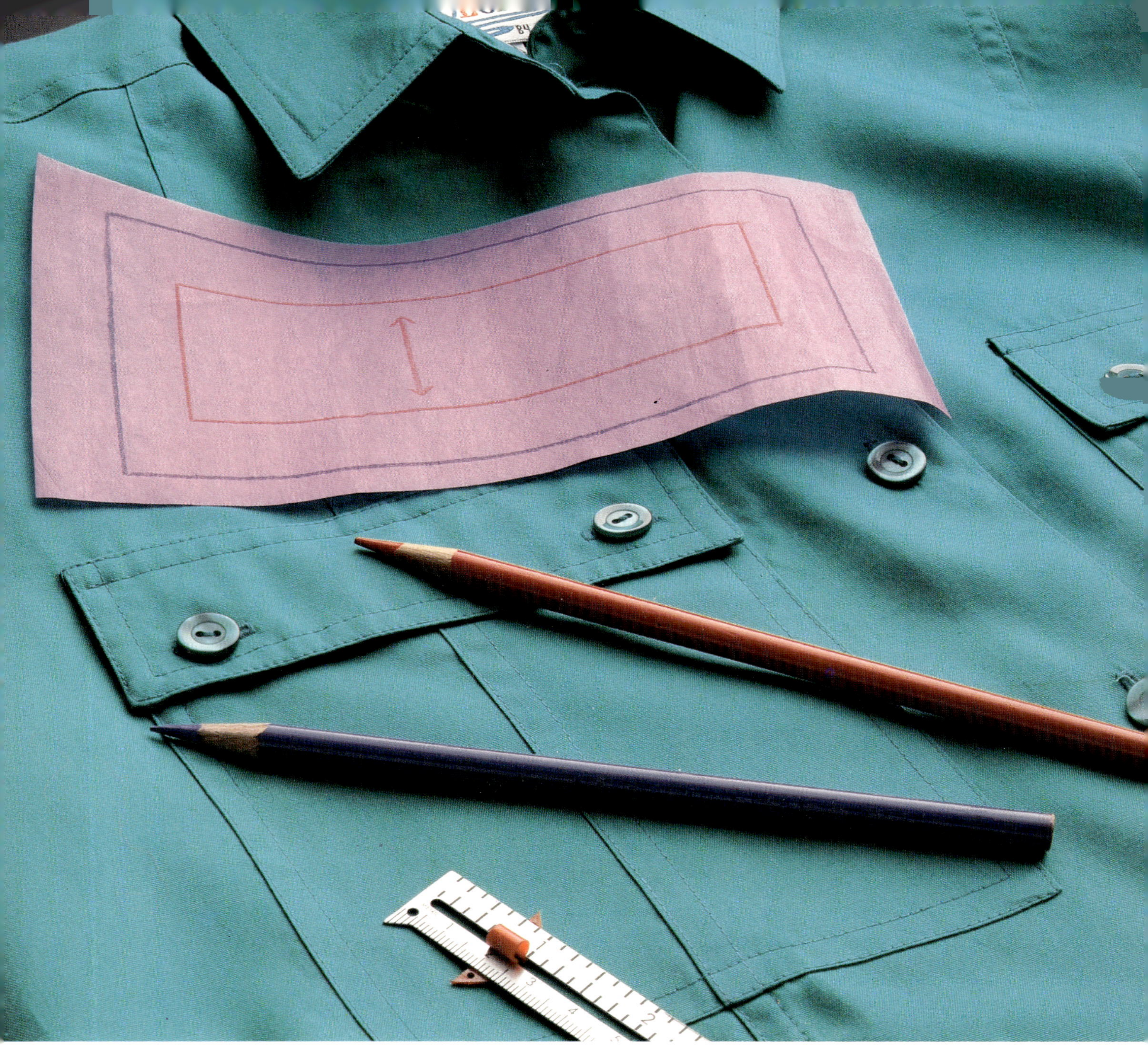

Details kopieren

Bei gerade geschnittenen Teilen, wie Manschetten, Taillenbunden und Taschenklappen, ist es einfacher, sie auszumessen und auf Schnittmusterpapier zu übertragen, als sie umständlich abzureiben. Dabei können Sie zudem auch noch Form und Größe korrigieren und eventuell verzogene Kanten begradigen.

Bei Formteilen dagegen ist das Abreiben die sicherere Methode. Bei Teilen, die durch einen Gummizug eingehalten werden, wird das Gummiband einfach auf Kantenweite gedehnt. Auch in diesem Fall können Sie symmetrische Schnitteile, die im Stoffbruch zugeschnitten werden können, vor dem Aufstecken des Nessels zur Hälfte falten und nur eine Hälfte übertragen.

Teile, die durch Abnäher, Fältchen oder Kräusel eingehalten werden, lassen sich zwar nicht ausdehnen, doch auch hier gibt es geeignete Kopiertechniken. So können Sie beispielsweise die genaue Form und Größe von Abnähern abreiben, selbst wenn die Abnäherzugaben zurückgeschnitten wurden. Mit der gleichen Technik lassen sich auch kurze Formfalten an Passen oder Taillenkanten übertragen.

Gerade geschnittene Details kopieren

1) **Länge** und Breite des Teils ausmessen.

2) **Das Schnitteil** nach diesen Maßen aufzeichnen, den Längsfadenlauf übertragen und die erforderlichen Nahtzugaben anzeichnen.

Teile mit Gummizug kopieren

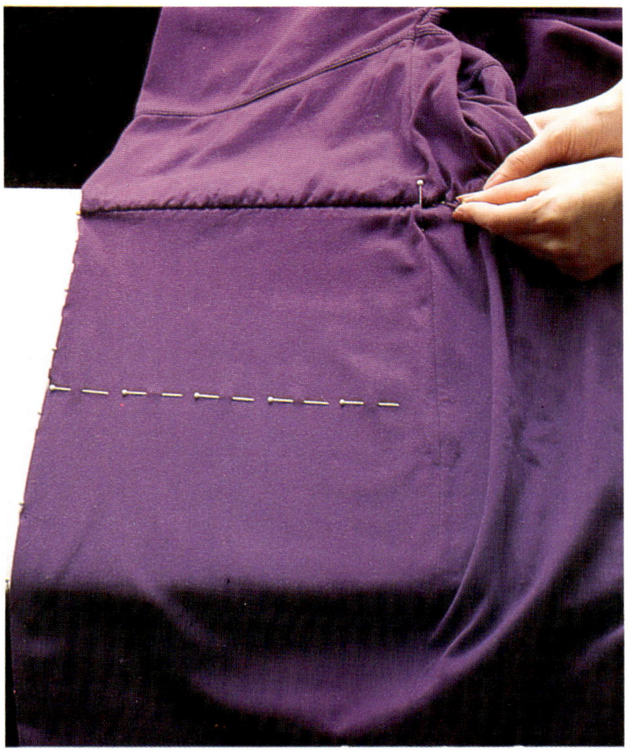

1) **Fadenläufe** markieren. Gummiband auf Kantenweite dehnen; das Teil auf eine gepolsterte Unterlage stecken.

2) **Nessel** den Fadenläufen entsprechend aufstecken. Nahtlinien abreiben, begradigen. Zugaben anzeichnen.

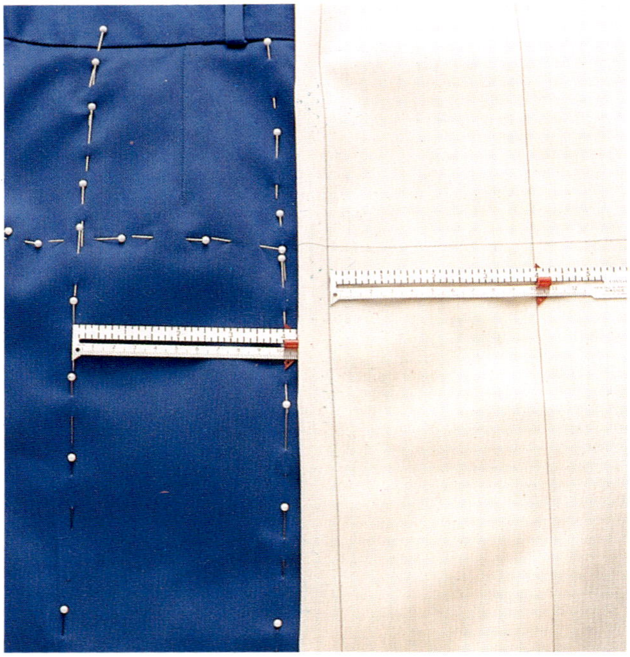

1) **Beidseitig** des Abnähers die Längsfadenläufe (bei mehreren Abnähern auch zwischen den Abnähern) und unterhalb der Abnäherspitzen den Querfadenlauf markieren. Diese Fadenlauflinien, in jeweils dem gleichen Abstand zueinander, auch auf dem Nesselteil einzeichnen.

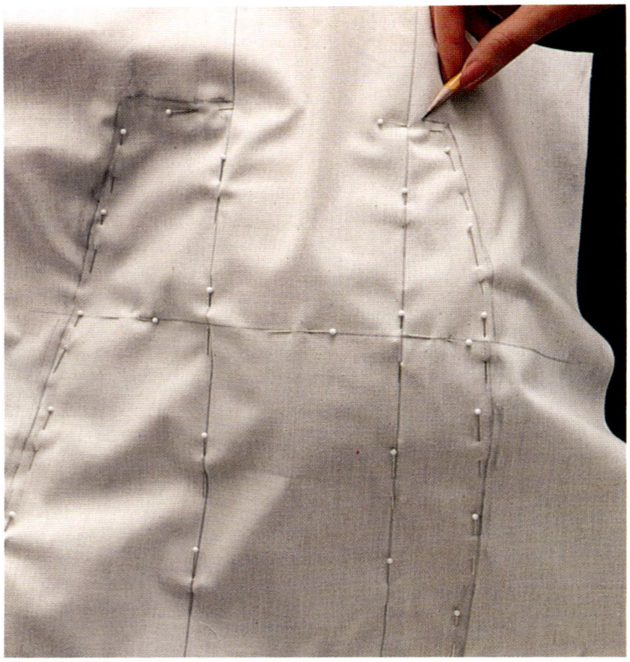

2) **Das Nesselteil** den Fadenläufen entsprechend aufstecken oder aufheften. Beide Stofflagen über ein Bügelkissen legen und die Nahtlinien mit Ausnahme des Abnäherbereichs zwischen den beiden Linien des Längsfadenlaufs abreiben.

3) **Die Stofflagen** von den Längsfadenläufen aus nacheinander jeweils zum Abnäher hin glattstreichen und die Nahtlinie abreiben. Die Spitze des Abnähers durch eine kurze Querlinie markieren.

4) **Den Abnäher** an den so übertragenen Abnäherlinien einlegen, zur Mittellinie oder zur Seite gerichtet umlegen und feststecken. Das Nesselteil noch einmal glattstreichen und die restliche Naht abreiben.

5) **In der Mitte** des Abnähers den Bruch anzeichnen. Die Nahtlinien beidseitig dieser Bruchlinie symmetrisch begradigen.

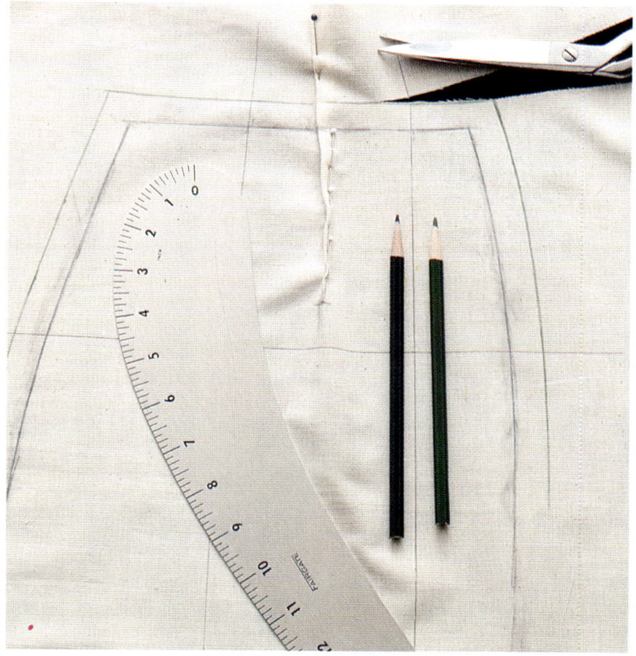

6) **Den Abnäher** wieder zustecken. Die übrigen Nahtlinien gleichfalls begradigen. Naht- und Saumzugaben anzeichnen und das Nesselteil zuschneiden.

Gekräuselte oder eingehaltene Kanten kopieren

1) **Die Fadenläufe** markieren und aufeinanderlegen. Das Nesselteil zur gekräuselten Kante hin glattstreichen, über einem Bügelkissen dem Kleidungsstück entsprechend einkräuseln und feststecken. Die Enden des einzukräuselnden Bereichs deutlich markieren.

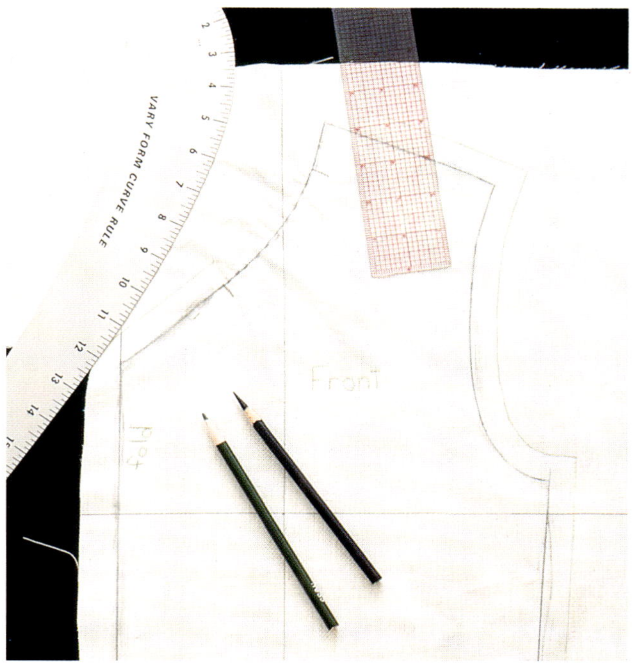

2) **Die Nahtlinien** begradigen. Nahtzugaben anzeichnen und die Nahtkerben an den Enden des einzukräuselnden oder einzuhaltenden Bereichs durch Querstriche markieren.

Festliche Stoffe

1
8
2
7
3
6
5
4

Spitzen und Stickereistoffe

Spitzen sehen zwar sehr zart und empfindlich aus, lassen sich jedoch ausgesprochen unkompliziert verarbeiten. Echte Spitzen haben einen nichtfransenden Tüll- oder Maschengrund ohne Fadenlaufrichtung, so daß Sie sie ganz nach Belieben zuschneiden können. Da Spitze nicht ausfranst, kommen auch die Nähte ohne umständliche Versäuberungen aus, und das Säumen beschränkt sich in der Regel auf das mustergerechte Zurückschneiden des überstehenden Tüllgrunds.

Die Spitzenherstellung hat eine lange Tradition. Noch heute tragen manche Spitzen die Namen der Orte oder Regionen, in denen sie einst in mühevoller Handarbeit aus Seiden-, Baumwoll- oder Leinengarnen hergestellt wurden. Heute werden viele der handelsüblichen Spitzen maschinell hergestellt und bestehen aus pflegeleichten Baumwoll-Mischungen oder reinen Kunstfasern.

1) **Valenciennes-Spitze.** Feine, von weicher Satin-Kordelierung eingerahmte Muster auf hochtransparentem Tüllgrund; meist mit ein- oder zweiseitiger Bogenkante.

2) **Chantilly-Spitze.** Zarte, in der Regel durchgehend gemusterte Spitze auf feinem Tüllgrund, deren Motive durch Seidenfäden eingefaßt werden. Beliebtes Material für Brautkleider.

3) **Ajourstoff.** Meist ein dünner Baumwollstoff mit feiner Lochstickerei. Obwohl Stickereistoffe keine Spitzen im eigentlichen Sinne sind, erfordern sie doch in etwa dieselbe Schnittauflage und Bügeltechnik.

4) **Peau-d'Ange-Spitze.** Eine sehr weich strukturierte Variante der Chantilly-Spitze aus feinen, seidigen Garnen.

5) **Venezianer-Spitze.** Sie wird aus stärkeren Garnen und ohne Tüllgrund gearbeitet. Die einzigartige Kombination unterschiedlicher Stiche verleiht ihren durch Pikotstege verbundenen Motiven fast dreidimensionalen Charakter.

6) **Point-d'Esprit-Spitze.** Eine schlichte Spitze mit durchsichtigem Tüllgrund und aufgestickten Punkten.

7) **Cluny-Spitze.** Eine relativ schwere, oft wie handgearbeitet wirkende Häkelspitze aus baumwollartigen Garnen mit Paddel- oder Radmotiven und teilweise erhaben gearbeiteten Noppen.

8) **Schiffli-Stoff.** Ein transparenter oder halbtransparenter Stickereistoff, benannt nach der Schiffli-Maschine, mit der sich die ursprüngliche Handstickerei täuschend echt imitieren läßt.

Nähtips für Spitzen und Stickereistoffe

Zubehör und Nähtechniken	**Feine Spitzen** Chantilly, Peau d'Ange, Point d'Esprit	**Stickereistoff** Ajour, Schiffli	**Strukturierte Spitzen** Valenciennes, Cluny, Venezianer
Maschinennadeln	60–65	65–75	75
Stiche/cm	4 ½–6 ½	4–4 ½	4–4 ½
Sticheinstellung/mm	2–2,5	2,5–3	2,5–3
Nähgarn	extra fein	Mehrzweckgarn	Mehrzweckgarn
Handnähnadeln	7 oder 8	7–8	7–8
Nahttechnik	überlappende Naht, Overlock-Naht, Doppelnaht	Overlock-Naht, Doppelnaht	überlappende Naht, Doppelnaht
Saumtechnik	Beschneiden, Applizieren	Beschneiden	Beschneiden, Applizieren, Roßhaarband

Handelsübliche Angebote

Viele Warenhäuser und Stoffläden bieten eine breitgefächerte Auswahl an Spitzen und Stickereistoffen. Am teuersten sind natürlich Spitzen, die ganz oder teilweise in Handarbeit angefertigt oder überstickt wurden. Sie werden daher auch hauptsächlich in Form von Borten und Besätzen verkauft. Besonders kostbare Spitzenborten erkennt man zum Beispiel auch an den an den Rändern überstehenden Fäden. An diesen Stellen wurden die Borten auseinandergeschnitten. Diese Fäden sind ein unverwechselbares Qualitätsmerkmal und sollten nicht

1) **Durchgehend gemusterte Spitzenstoffe** mit regelmäßigen Musterrapporten werden als Ballenware verkauft und normalerweise für ganze Kleidungsstücke verwendet. Aus den Resten solcher Stoffe lassen sich noch einzelne Motive für Applikationen ausschneiden.

2) **Galonspitze** mit beidseitigen Bogenkanten ist ausgesprochen vielseitig verwendbar, so u. a. für Einsätze, Saum- und Kantenbesätze und dekorative Applikationen. Galonspitzen sind in unterschiedlichsten Breiten erhältlich, auch als Ballenware.

5) **Durchzugsspitze** hat in regelmäßigen Abständen eingewebte Schlitze zum Einzug von Bändern. Sie kann allein oder in Kombination mit Spitzenborten als Kantenbesatz verwendet, aber auch in großflächige Musteranordnungen einbezogen werden.

6) **Randspitzen** sind schmale Borten mit einer Bogenkante und einer festen Webkante. Randspitzen gibt es auch in Form von vorgefertigter Kräuselspitze für Naht-, Kanten- und Saumbesätze.

abgeschnitten werden. (Sie finden sie übrigens auch an teuren Designer-Modellen!) Maschinell hergestellte Spitzen sind dagegen relativ preiswert und oft auch als Ballenware in den üblichen Stoffbreiten erschwinglich. Spitzen wie Stickereiware gibt es für jeden Verwendungszweck. Wenn Sie Spitze vom Meter kaufen, bitten Sie darum, Ihnen die gewünschte Länge im Musterverlauf abzuschneiden. Angeschnittene Motive sind ohnehin nur Abfall, mit dem Sie nichts anfangen können. So aber können Sie die ganze Länge verwenden.

3) **Spitzen- und Stickereibordüren** haben jeweils eine Bogenkante und eine feste Webkante, bei Stickereibordüren ist oft eine schmale Nahtzugabe angewebt. Bordüren sind in Breiten von 15–90 cm erhältlich; verwendet werden sie vor allem für Rüschen und Volants, in selteneren Fällen auch für Einsätze.

4) **Spitzenapplikationen** sind einzelne Spitzenmotive, die zur Verzierung auf andere Stoffe aufgenäht werden. Für bestimmte Bereiche wie etwa Kragenspitzen oder Manschetten gibt es auch Doppelpacks mit spiegelbildlich gearbeiteten Motiven.

7) **Einsatzspitze** ist in Breiten von 5 mm bis 15 cm erhältlich. Sie hat zwei gerade, feste Webkanten und kann in eine Naht gefaßt oder auch als eine Art Besatzband auf die Kanten genäht werden.

8) **Spitzensets** unterschiedlich breiter Borten mit gleicher oder sorgfältig aufeinander abgestimmter Musterung sind zwar nicht ganz billig, aber sehr praktisch und vielseitig verwendbar.

Verarbeitungstechniken für Spitzen- und Stickereistoffe

Wählen Sie einen Schnitt, der den Eigenschaften der Spitze entgegenkommt und ihre spezifische Struktur und Eigenart am besten zur Geltung bringt: schlichte, körpernahe Schnitte für eine schwere Valenciennes-Spitze, Schnitte mit weiten Röcken, Ärmeln und Volants für zarte Chantilly-Spitzen. Auch bei ausdrücklich für Spitzenstoffe entworfenen Schnitten, wie etwa für Abend- oder Brautkleider, sind unter Umständen bestimmte Anforderungen an den Stoff zu beachten, wie etwa eine breite Bordüre, eine durchgehende Musterung oder eine Mindestbreite.

Wenn Sie dagegen ein nicht ausdrücklich für Spitzenstoffe entworfenes Modell aus Spitze arbeiten wollen, sollten Sie darauf achten, daß der Stoff breit genug liegt, um auch größere Schnitteile in einem Stück zuschneiden zu können. Wenn Sie zum Beispiel die Saumkanten der Ärmel an eine Bogenkante anlegen möchten, müssen Sie bei schmalen Spitzen unter Umständen mit kurzen Ärmeln vorliebnehmen oder die oberen Ärmelteile aus Organza zuschneiden.

Bei Spitzen ohne eindeutige Musterrichtung können Sie die Schnitteile auch nach Belieben drehen, wenn Sie beispielsweise Saum- oder Ausschnittkanten an einer Bogenkante anlegen möchten.

Vorbereiten des Stoffs

In der Regel brauchen Spitzen keine besondere Vorbereitung. Obwohl Spitzen normalerweise kaum einlaufen, sollten eventuelle Pflegehinweise unbedingt beachtet werden. Vor allem in Verbindung mit anderen waschbaren Stoffen sollte die Spitze vorsichtshalber genau wie diese Stoffe und Zutaten vorgekrumpft werden.

Besätze, Einlage und Unterlegware

Bei Spitze entfallen Besätze und Einlagen. Die äußeren Kanten können, sofern sie nicht an Web- oder Bogenkanten angelegt werden, mit Randspitze, Spitzenbordüren oder feinen Paspeln versäubert werden. Kragen und Manschetten sollten in einfacher Stofflage zugeschnitten, mit Randspitze versäubert und mit schmalen französischen Nähten angesetzt werden.

Bei sehr durchsichtiger Spitze können Sie kritische Partien mit farblich passendem Tüll unterlegen. Die Tüllunterlage verleiht der Spitze Volumen und eine gewisse Steifheit, ohne jedoch ihren Charakter zu beeinträchtigen. Als Alternative bietet sich ein kontrastfarbener Futterstoff an. Zwar verliert die Spitze dadurch ihre Transparenz, das Muster aber wird durch den Kontrast eher noch stärker hervorgehoben, während gleichzeitig Nähte, Abnäher und andere innere Verarbeitungsdetails verdeckt werden.

Schnittauflage und Zuschnitt

Eine sorgfältige Schnittauflage ist bei Spitzenstoffen besonders wichtig. Breiten Sie den Stoff auf einer kontrastfarbenen Unterlage aus, und sehen Sie sich die Muster genau an. Die Lage dominierender Motive, die Länge des Rapports oder die Breite einer Bordüre haben beträchtlichen Einfluß auf die Art der Schnittauflage. Genau wie bei anderen großgemusterten Stoffen sollten die Hauptmotive an den Nähten aufeinandertreffen und im übrigen entweder zentriert oder ausgewogen über das ganze Kleidungsstück verteilt werden. Wenn Sie eine Bogenkante als Ausschnitt- oder Saumkante nutzen möchten, müssen Sie zuvor die genaue Länge des betreffenden Teils festlegen. Und falls Ihr Stoff eine eindeutige Musterrichtung hat, so muß er nach dem Zuschneideplan für Strichstoffe zugeschnitten werden.

Vor dem Zuschneiden sollten Sie auch an die Nahtverarbeitung denken. Durchgehend gemusterte Spitze kann mit schmalen französischen Nähten verarbeitet werden. Für bestickte oder großgemusterte Spitze dagegen sind überlappend gesteppte Nähte besser geeignet, da so der Musterverlauf durch diese fast unsichtbare Naht nicht zu stark unterbrochen wird. Sie können aber auch mehrere Nahttechniken kombinieren, so zum Beispiel Seiten- und Schulternähte überlappend steppen, die Ärmel dagegen mit schmalen Zickzacknähten oder mit Doppelnähten einsetzen.

Ist die Spitze erst einmal zugeschnitten, bleibt meist nur wenig Spielraum für nachträgliche Änderungen. Aus diesem Grund sollte der Schnitt selbst so sorgfältig wie möglich angepaßt werden, zumal die Spitze beim Auftrennen von Nähten leicht beschädigt werden kann. Wer ganz sichergehen will, sollte daher zuerst ein Probemodell aus Nessel anfertigen. Soll das Modell mit Futter unterlegt werden, so kann anstelle des Nesselmodells auch das Futter zusammengeheftet werden. Oder Sie übertragen den Schnitt in voller Größe auf transparenten Schnittmusterstoff, heften die Teile zusammen, ändern wo notwendig und schneiden dann die Spitze nach dem geänderten Stoffschnitt zu.

Bügeln

Bei Spitze gilt: Weniger ist mehr. Wenn überhaupt gebügelt werden muß, dann nur ganz leicht und nur von links, nach Möglichkeit auf einer weich gepolsterten Unterlage, damit die feine Struktur des Materials nicht flachgepreßt wird. Ein Bügeltuch verhindert, daß sich die Spitze des Bügeleisens im Tüllgrund verfängt und das zarte Gewebe einreißt. Synthetik-Spitzen mit möglichst niedriger Temperatur bügeln. Manchmal genügt es schon, Nähte und Abnäher unter kräftigem Druck mit dem Finger (Fingerhut!) auszustreichen. Eventuell die Nähte zuvor mit Dampf anfeuchten.

Alle Schnitteile mit Hilfe von Schnittmusterstoff oder transparenter Nichtwebeinlage auf volle Größe ergänzen, dabei eventuell angeschnittene Besätze abschneiden. Die Ärmel durch Umlegen des Schnitteils gegengleich zuschneiden.

Die Teile in offener Stofflage auflegen. Auf ausgewogene Verteilung des Musters achten. Dominierende Motive oberhalb der Brustlinie anordnen und an den Seitennähten sorgfältig aneinanderpassen. Die Schnitteile mit langen Stecknadeln (kurze fallen zu leicht wieder heraus) oder mit Tesafilmstreifen befestigen.

Schnitteile und Spitze daraufhin überprüfen, ob sich Ausschnitt-, Passen- oder Saumkanten auf dominierende Musterstreifen legen lassen. Nicht genutzte Bogenkanten abschneiden und zum Versäubern der gerundeten Außenkanten verwenden. Die nach innen gerichteten Spitzen der Bogenkante an Ausschnitt- und Passenkanten jeweils an die Nahtlinie, an den Saumkanten an die Saumlinie legen.

Nähte

Genau wie bei anderen durchsichtigen Stoffen sind auch bei Spitze unauffällige Nähte wichtig. Dafür gibt es mehrere Alternativen.

Doppelnähte (links) werden im Abstand von ca. 3 mm entweder mit zwei Geradstichnähten oder jeweils einer Geradstich- und einer Zickzacknaht gesteppt. Die ebenfalls sehr schmale französische Naht hat den Vorteil, daß die Nahtkanten sauber eingeschlossen werden; sie ist jedoch nur für gerade Nähte geeignet. Spitze können Sie aber auch sehr gut auf einer Overlock verarbeiten.

Die überlappend gesteppte Naht kommt dem besonderen Charakter der Spitze sehr entgegen. Hier kann die Naht im Musterverlauf, d. h. den Konturen der Motive folgend gesteppt werden und ist so kaum zu sehen. Dazu müssen Sie allerdings schon bei der Schnittauflage den Musterverlauf der zu verbindenden Kanten berücksichtigen.

Steppen Sie alle Nähte, vor allem bei sehr offengrundigen Spitzen, langsam und vorsichtig, damit sich der Nähfuß nicht im Tüllgrund verhakt oder die Spitze in den Transportmechanismus hineingezogen wird. Vorbeugend können Sie die Zinken des Nähfußes mit Klebeband umwickeln und beim Steppen Seidenpapier unter die Spitze legen.

Eine überlappende Naht steppen

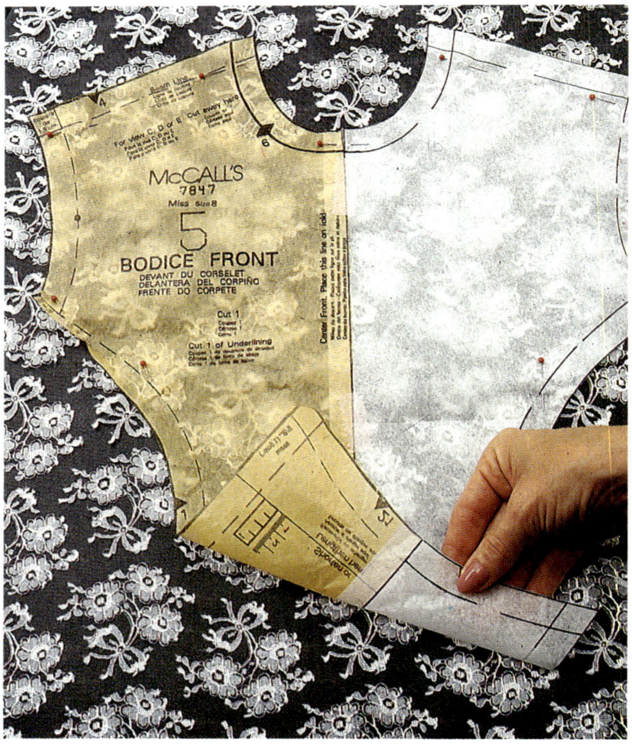

1) **Das Schnitteil** auf volle Größe erweitern und in offener Stofflage zuschneiden. Dazu zuerst das Vorderteil so aufstecken, daß die Motive innerhalb der Nahtlinien ausgewogen verteilt sind.

2) **Das Teil** außerhalb der Nahtlinien um die Motive herum mit einer feinen, scharfen Schere ausschneiden, dabei ca. 6 mm Tüllgrund überstehen lassen.

3) **Die Nahtlinien** mit Heftstichen markieren. Das Schnitteil vorsichtig abziehen. Das zugeschnittene Teil deckungsgleich auf den übrigen Stoff legen, um die Randmotive für das angrenzende Teil zu ermitteln.

4) **Die Nahtlinie** des Vorderteils auf die des angrenzenden Schnitteils legen (die Motive lassen sich nicht überall perfekt anpassen) und dieses mit 1,5 cm Nahtzugabe zuschneiden. Die Nahtlinien durchheften.

5) **Die Nahtlinie** des Vorderteils auf die des angrenzenden Teils legen und beide Stofflagen von rechts aufeinanderheften.

6) **Das Vorderteil** mit Geradstichen oder schmalen Zickzackstichen entlang der Motivkonturen auf das angrenzende Teil steppen (das Kontrastgarn verdeutlicht die Naht).

7) **Die überstehenden Nahtzugaben** mit einer feinen, scharfen Schere bis dicht an die Naht zurückschneiden.

Säume und Kantenversäuberungen

Oft können Sie sich das Säumen ganz ersparen, indem Sie die Saumkanten ganz einfach an eine Randbordüre anlegen oder bei Spitzen mit ausgeprägten durchlaufenden Motiven die Saumkante bis an diese Motive zurückschneiden. Das geht allerdings nur bei geraden Säumen.

Applizieren. Gerundete Saum- oder Ausschnittkanten lassen sich sehr hübsch durch Applizieren von Galonspitzen oder mit vom Originalstoff abgeschnittenen Randbordüren versäubern. Die zu applizierende Spitze oder Bordüre wird von Hand oder mit der Maschine flach auf die Kante genäht und der Stoff darunter vorsichtig bis an die Naht zurückgeschnitten.

Tüllband. Bei sehr weichen, feinen Spitzen oder wenn Sie aus bestimmten Gründen lieber gerade Kanten möchten, sollten Sie diese leicht mit Tüllband versteifen, das Sie fertig kaufen oder selbst zuschneiden können. In diesem Fall wird der Saum mit der Maschine gesteppt.

Eine Kante durch Applizieren versäubern

1) **Die Bordüre** mit einer kleinen scharfen Schere entlang der Motivkonturen abschneiden, dabei etwa 1–2 Reihen des Tüllgrunds überstehen lassen. Galonspitze eventuell der Länge nach teilen.

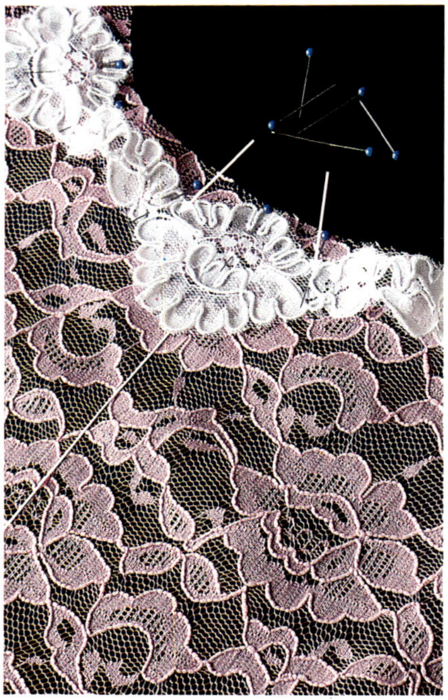

2) **Die Borte** von rechts so auf die Schnittkante legen, daß die nach innen zeigenden Bögen (Pfeile) genau auf die Naht- oder Saumlinie treffen und eines der dominierenden Motive in der vorderen Mitte angeordnet ist.

3) **An gerundeten Kanten** die Borte zwischen den Motiven einknipsen, die Motive dem Kantenverlauf entsprechend übereinanderschieben und mit feinen Handstichen aufeinandernähen.

1) **Die Saumlinie** von rechts mit einem wasserlöslichen Markierstift einzeichnen und die Saumzugabe auf 1,3 cm zurückschneiden.

2) **Das Tüllband** von rechts kantenbündig auflegen und 6 mm oberhalb der Saumkante aufsteppen. Um ein Kräuseln der Naht zu vermeiden, das Band nur lose führen.

3) **Das Band** so nach innen umlegen, daß die Saumzugabe die Kante 6 mm breit einschließt. Den Bruch leicht anbügeln und die Saumzugabe in der Bandansatznaht feststeppen.

4) **Fehlende Bortenteile** gegebenenfalls wie unter Punkt 3 beschrieben ergänzen und aufnähen.

5) **Die Innenkante** der Borte bei komplizierten Konturen mit feinen überwendlichen Handstichen, bei einfacheren Formen mit schmalen Zickzackstichen festnähen.

6) **Zum Schluß** den darunterliegenden Stoff bis auf eine 3–6 mm breite Nahtzugabe zurückschneiden. Zur Verdeutlichung des Arbeitsablaufs wurde bei unserem Beispiel eine kontrastfarbene Spitzenborte verwendet.

Spitzen-Applikationen

Mit Spitzen-Applikationen, fertig gekauft oder aus Stoffresten zugeschnitten, können Sie zum Beispiel auf festlicher Kleidung, Seidenblusen, Brautkleidern und feiner Wäsche reizvolle Akzente setzen, vor allem, wenn andere Teile des Kleidungsstücks wie Rock, Passe oder Ärmel aus der gleichen Spitze gearbeitet werden.

Spitzen-Applikationen können Sie von Hand oder mit der Maschine aufnähen oder auch ganz einfach mit Hilfe von beidseitig beschichteter Bügeleinlage aufbügeln. Letztere Methode ist zwar die schnellste, eignet sich aber nur für hitze- und dampfverträgliche Stoffe und ist nicht dauerhaft waschbeständig.

Spitze applizieren

Zuschneiden. Sofern keine fertigen Motive verwendet werden, die Applikation im Musterverlauf zuschneiden. Damit die Kordelstickerei nicht ausfranst, rundherum etwa 1–2 Reihen Tüllgrund überstehen lassen.

Von Hand aufnähen. Die Applikation ca. 6 mm von den Kanten entfernt mit kleinen Stichen aufnähen. Die Stiche nicht zu fest anziehen, damit der Stoffgrund glatt bleibt und die Spitze nicht flachgezogen wird.

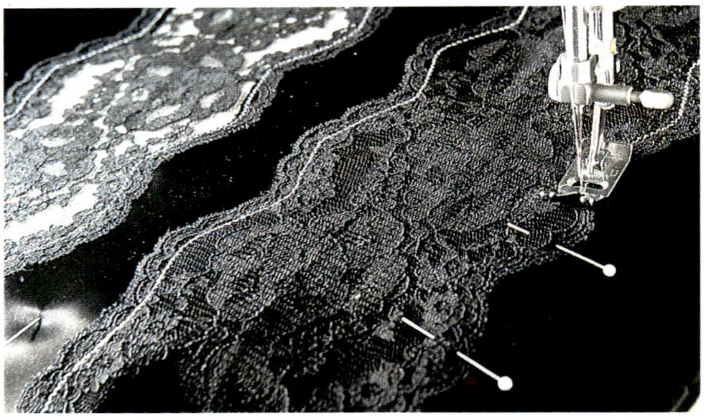

Mit der Maschine aufnähen. Die Applikation, 6 mm von den Kanten entfernt, mit kleinen Geradstichen oder schmalen Zickzackstichen aufsteppen. Eventuell den Stoff unter der Spitze mit einer kleinen scharfen Schere vorsichtig herausschneiden.

Aufbügeln. Die Applikation auf den Stoff stecken. Zu kleinen Kreisen geschnittene doppelseitige Bügeleinlage zwischen Stoff und Applikation schieben. Ein Bügeltuch darüberlegen und die Applikation nach Anweisung des Einlage-Herstellers aufbügeln.

Glanzstoffe

Der edle Schimmer festlicher Stoffe kann durch die Webart oder die natürliche Eigenschaft der Fasern bedingt oder auch das Ergebnis bestimmter Veredelungstechniken sein, mit deren Hilfe sich heutzutage fast alle Stoffe auf Hochglanz bringen lassen.

1) **Satin** ist ein Gewebe, das seinen Glanz flottierenden Fäden verdankt. In Kombination mit Fasern wie Seide, Viskose oder Polyester macht diese Webart den Stoff ausgesprochen stich- und wasserempfindlich. Daher nur feine Nadeln mit einwandfreier Spitze verwenden und den Stoff möglichst nur trocken und unter einem Bügeltuch bügeln.

2) **Crêpe-Satin** gehört zu den beidseitig verwendbaren Doubleface-Stoffen und zeigt auf einer Seite die matte, körnige Struktur des Crêpe, auf der anderen die glatte, glänzende Oberfläche des Satin.

3) **Peau de Satin** ist ein Satingewebe mit rechtsseitig fester Schußköperbindung und feingerippter Struktur. Peaus sind sehr stichempfindlich, so daß Stecknadeln möglichst nur auf den Nahtzugaben eingesetzt und fertige Nähte nicht wieder aufgetrennt werden sollten.

4) **Taft** ist ein halbsteif ausgerüsteter und daher schlecht drapierbarer Stoff. Da Nadeleinstiche hartnäckige Spuren hinterlassen, den Schnitt sorgfältig anpassen und die Nahtverarbeitung auf Stoffresten testen. Mit Acetat gemischt ist der Stoff zudem auch wasserempfindlich.

5) **Moiré** ist ein querrippiger Taft mit schillernder, wellenförmiger Musterung.

6) **Brokat** erkennt man an seiner erhabenen Bindungsmusterung, die entfernt an Tapisserien erinnert. Es gibt ihn in vielen Variationen, u. a. auch als Strickstoff. Brokat möglichst auf einer gepolsterten Unterlage bügeln, damit die Struktur nicht plattgedrückt wird. Metallisierte Brokate nur lauwarm bügeln und zur Verbesserung des Tragekomforts abfüttern.

7) **Metallisierte Stoffe** erhalten ihren Glanz durch eingewebte oder eingestrickte Metallfäden. Sie sind hitzeempfindlich und entfärben sich leicht, wenn sie mit Dampf in Berührung kommen. Nähte mit dem Finger ausstreichen, Flächen mit einem lauwarmen, trockenen Eisen bügeln.

8) **Lamé** ist ein weicher, metallisch glänzender Web- oder Strickstoff. Strickstoffe lassen sich besser drapieren als Webstoffe. Neben den traditionellen Gold-, Silber- und Kupfertönen gibt es heute auch Lamés in allen Regenbogenfarben.

9) **Paillettenstoffe** haben einen Web- oder Strickgrund und kommen bei schlichten Schnitten oder auf bestimmte Teile beschränkt am schönsten zur Geltung.

Verarbeitungstechniken für Glanzstoffe

Die Gruppe der Glanzstoffe umfaßt eine ganze Reihe unterschiedlicher Stoffarten, von denen einige besondere Anforderungen an die Verarbeitung stellen. Allen aber sind zwei Dinge gemeinsam: Sie sollten der einheitlichen Farbschattierung wegen wie Strichstoffe behandelt und so schlicht wie möglich verarbeitet werden. Das gilt auch für Naht- und Kantenversäuberungen. Normalerweise reicht es vollkommen aus, die Nahtzugaben mit einer Zackenschere oder mit Zickzackstichen zu versäubern. Aufwendige Schneidertechniken sind hier fehl am Platz. Glanzstoffe sollten nur von links, trocken und unter einem Bügeltuch gebügelt werden. Bei manchen Stoffen empfiehlt es sich, ein Stück desselben Stoffs mit der rechten Seite nach oben unterzulegen, damit die Struktur nicht flachgepreßt wird. Damit sich die Nahtkanten nicht durchdrücken, können Sie zusätzlich auch Packpapierstreifen zwischen Nahtzugabe und Oberstoff legen.

Nähtips für Glanzstoffe

Zubehör und Nähtechniken	**Mittelschwere Stoffe** Crêpe-Satin, Lamé, Satin, Peau de Satin, Seide, Taft, Moiré	**Schwere, strukturierte Stoffe** Brokat, Paillettenstoff
Maschinennadeln	75	90–100
Stiche/cm	2–3	2–3
Sticheinstellung/mm	2,5–3,5	2,5–3,5
Nähgarn	Mehrzweck-Baumwollgarn oder Baumwoll-Polyester-Mischgarn; Nähseide für Seidenstoffe	Mehrzweck-Baumwollgarn oder Baumwoll-Polyester-Mischgarn
Handnähnadeln	7 oder 8	7 oder 8
Einlage	gewebte oder nichtgewebte Näheinlage	gewebte oder nichtgewebte Näheinlage
Nahttechnik	einfache Naht; Versäuberung mit Zackenschere, Überwendlingsnaht oder dreistufiger Zickzacknaht	einfache Naht; Kanten eventuell mit Futter verstürzen
Saumtechnik	hohl säumen, absteppen; mit Tüllband oder Besatz versäubern	mit Besatz versäubern

Tips für den Umgang mit Glanzstoffen

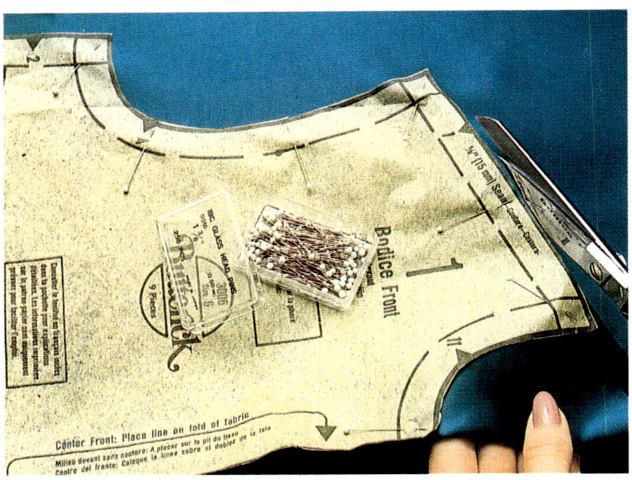

Schnittauflage. Den Schnitt nach dem Zuschneideplan für Strichstoffe nur im Bereich der Nahtzugaben aufstecken; für feingewebte Stoffe wie Satin oder Taft extrafeine Stecknadeln benutzen; nur scharfe, gut greifende Scheren verwenden und alle Teile in derselben Richtung zuschneiden.

Nähen. Einfache Nähte steppen; die Nahtzugaben mit Overlock, Zackenschere oder dreistufigen Zickzackstichen versäubern. Stark fransende Stoffkanten eventuell hauchdünn mit Stoffkleber einstreichen (vorher ausprobieren!), zum Schutz des Oberstoffs Papier unter die Nahtzugaben legen.

Säume

Glanzstoffe können Sie nach verschiedenen Methoden säumen. Die vielseitigste Handnähtechnik ist das Säumen mit hohlen Hexenstichen, die unsichtbar zwischen Saumzugabe und Oberstoff gearbeitet werden und so verhindern, daß sich die Saumkante auf die rechte Seite durchdrückt; außerdem sorgen sie durch die doppelte Verkreuzung für elastische Nähte.

Schneller geht es natürlich mit der Maschine, indem Sie den Saum einfach umbügeln und absteppen oder mit Tüllband versäubern. Die in diesem Fall auch von rechts sichtbare Naht können Sie später unter einer aufgenähten Spitzenbordüre verstecken. Bei der Verarbeitung mit Tüllband wird die Saumkante jedoch wesentlich steifer.

Die Versäuberung mit einem Besatz eignet sich vor allem für Stoffe, die sich nur schlecht umlegen lassen oder eine rauhe Oberfläche haben. Als Besatz können Sie fertiges Saumband verwenden oder ca. 5 cm breite Schrägstreifen aus farblich passendem Futter oder einem anderen leichten Stoff zuschneiden.

Für gerade fallende Säume brauchen Sie eine Saumzugabe von 5 cm. Bei ausgestellten Röcken sollte die Zugabe höchstens 2,5 cm betragen, um die einzuhaltende Weite auf ein Minimum zu reduzieren. Bei Tellerröcken genügt ein schmaler, zwischen 6 und 12 mm breiter Saum, der einfach nur umgelegt und knappkantig festgesteppt wird.

Saumtechniken für Glanzstoffe

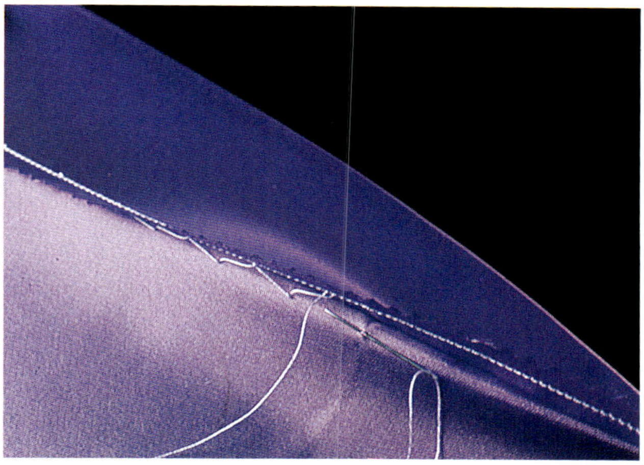

Hexenstiche. Die Saumkante absteppen und mit der Zackenschere versäubern. Den Saum zwischen beiden Stofflagen mit lockeren Hexenstichen unsichtbar annähen, dabei jeweils nur 1–2 Gewebefäden fassen.

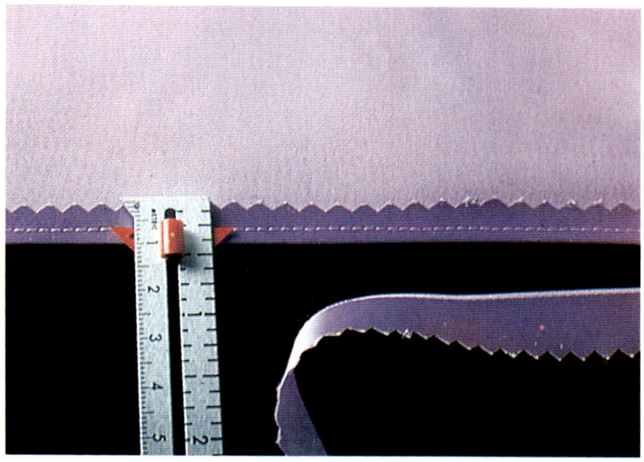

Absteppen. Die Saumzugabe umbügeln, dann mit der Zackenschere auf die richtige Breite zurückschneiden und 6 mm unterhalb der Zackenkante von rechts feststeppen.

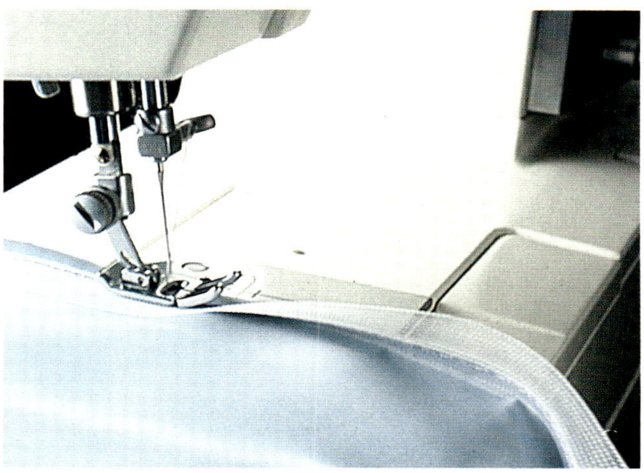

Tüllband. Den Saum auf 1,2 cm zurückschneiden. Das Band von rechts kantenbündig auflegen und 6 mm breit aufsteppen. Band und Saumzugabe umbügeln und in der Bandansatznaht feststeppen.

Besatz. Den Besatz in der Saumlinie mit 6 mm breiten Nahtzugaben rechts auf rechts ansteppen und nach innen umbügeln. Dann die obere Kante knappkantig umbügeln und mit schrägen Saumstichen annähen.

Verarbeitungstechniken für Pailletten- und Metallic-Stoffe

Paillettenbestickte Stoffe gibt es in vielen Variationen, vom transparenten Chiffon bis hin zum Stretch-Stoff. Alle sollten möglichst schlicht, ohne Verschlüsse, Abnäher, Falten oder Kräusel verarbeitet werden, so zum Beispiel in Form von gerade geschnittenen Trägerkleidern und Tops oder für einzelne Details wie Passen, Einsätze, Kragen, Ärmel oder Manschetten.

Futter, Besätze, Einlagen

Da Pailletten- und Metallic-Stoffe unangenehm auf der Haut scheuern, empfiehlt sich das Füttern dieser Stoffe. Zum Schutz Ihrer Haut und um Verdickungen zu vermeiden, sollten auch die Besätze aus Futter oder einem anderen leichten Stoff zugeschnitten oder das Futter selbst mit den Außenkanten verstürzt werden.

Wo Einlage gebraucht wird, zum Beispiel um den Ausschnittkanten mehr Halt zu geben, sollten Sie Näheinlage verwenden. Auf Bügeleinlage müssen Sie bei diesen hitzeempfindlichen Materialien leider verzichten.

Pflege

Gehen Sie mit Kleidungsstücken aus Pailletten- und Metallic-Stoffen sehr pfleglich um. Achten Sie vor allem darauf, daß die Pailletten nicht mit Parfum, Kosmetika oder alkoholischen Getränken in Berührung kommen. Verschmutzte Kleidungsstücke müssen chemisch gereinigt werden. Weisen Sie die Reinigung darauf hin, daß diese weder heiß getrocknet noch gebügelt oder gedämpft werden dürfen. Bewahren Sie solche Kleidungsstücke nie in Plastikhüllen auf.

Bügeln

Pailletten- und Metallic-Stoffe reagieren auf Hitze und Feuchtigkeit sehr empfindlich. Bei weichen Stoffen lassen sich die Nahtzugaben oft auch mit dem Finger (Fingerhut verwenden!) oder einem Plättchen ausstreichen. Wo unbedingt gebügelt werden muß, die Spitze des *trockenen, lauwarmen* Eisens nur unmittelbar auf der Nahtlinie entlangführen. Unter Dampfeinwirkung verlieren Pailletten und Metallic-Fäden Farbe und Glanz.

Schnittauflage, Zuschneiden und Markieren

1) **Alle Schnitteile** dem Zuschneideplan für Strichstoffe folgend in derselben Richtung, mit der beschrifteten Seite nach oben, von rechts auf den offen ausgelegten Stoff legen und mit Klebeband befestigen. Darauf achten, daß die Pailletten von oben nach unten laufen.

2) **Die Teile** durch das Klebeband hindurch zuschneiden. Das Band sichert die Pailletten und verhindert, daß während des Zuschneidens abgetrennte Bruchstücke umherfliegen. Die Schnitteile feststecken und die Schnittmarkierungen auf die linke Stoffseite durchschlagen.

Nahtverarbeitung bei Pailletten-Stoffen

1) **Nach dem Zuschneiden** die Kanten sofort knapp außerhalb der Nahtlinien mit einer Stütznaht absteppen, damit keine Pailletten verlorengehen. Dabei möglichst in Laufrichtung der Pailletten steppen, damit sich der Steppfuß nicht unter den Pailletten verfängt.

2) **Auf den Nahtzugaben** alle losen Pailletten vorsichtig abfädeln und für spätere Reparaturen aufbewahren. Die Fadenenden mit Stoffkleber auf den Nahtzugaben befestigen.

3) **Die Naht** mit großer Sticheinstellung (2,5–3,5 mm) steppen. Bei Pailletten-Stoffen müssen die Nadeln häufig ersetzt werden, da sie sehr schnell stumpf werden.

4) **Die rechte Seite** der Naht überprüfen. Durch das Steppen zerbrochene Pailletten vorsichtig abtrennen und durch die zuvor abgefädelten Pailletten ersetzen.

Samt

Die Verarbeitungskriterien von Samt hängen wesentlich von dem Fasergehalt des Stoffs ab. Baumwollsamt (siehe Abb. rechts) besteht aus reiner Baumwolle oder einer Baumwoll-Kunstfaser-Mischung. Er hat einen relativ festen Griff und wird daher in der Schneiderei gern für Jacken und Mäntel verarbeitet. Baumwollsamt ist elastisch und im großen und ganzen unkompliziert in der Verarbeitung.

Glanzsamte: Samtstoffe mit Acetat-, Viskose- oder Seiden-Beimischungen haben meist eine mehr oder weniger stark glänzende Oberfläche **(1)**. Sie sind weicher und drapierfähiger als Baumwollsamte, allerdings auch sehr empfindlich. Bei Pannesamt, dem glänzendsten Vertreter dieser Gruppe, wird der Flor bei der Herstellung permanent flachgepreßt, wodurch der Stoff seine hochglänzende Oberfläche erhält **(2)**. Alle Glanzsamte müssen chemisch gereinigt werden.

Verarbeitungstechniken

Der richtige Schnitt

Gut geeignet sind alle Schnitte mit weicher Linienführung, gemäßigten Drapierungen, einem Minimum an Nähten und Abnähern, ohne Bügelfalten, Knopfverschlüsse und Ziersteppnähte.

Schnittauflage, Zuschneiden und Markieren

Kleidersamte liegen in der Regel nur 100 cm breit; dieses Maß kommt in den Stoffempfehlungen der Schnittmuster jedoch nur selten vor. Um den Stoffverbrauch einigermaßen verläßlich abschätzen zu können, sollten Sie die Schnitteile nach dem Zuschneideplan für Strichstoffe probeweise auf Packpapier auslegen.

Für die gesamte Verarbeitung von Samt gilt: Je weniger Sie mit dem Stoff „anstellen", desto besser. Und da jede aufgetrennte Naht häßliche Spuren hinterläßt, sollten Sie alle Paßformänderungen vorab am Schnitt selbst vornehmen.

Zum Zuschneiden den Samt mit der rechten Seite nach oben offen ausbreiten und die Schnitteile mit der beschrifteten Seite nach oben auslegen. Um Verdickungen zu vermeiden, können Sie bei schwereren Stoffen Besätze und Unterkragen auch aus farblich passendem Futter oder einem anderen leichten Stoff zuschneiden.

Beim Übertragen der Schnittzeichen sollten Sie sich auf die wichtigsten Markierungen wie Ärmel- und Kragenansatzpunkte beschränken, um den Stoff nicht unnötig zu strapazieren, und auch diese nur mit selbstlöschender Kreide anzeichnen. Zum Nähen können Sie dann den Schnitt auflegen, um Bruchkanten, Taschenansatzlinien und ähnliche Markierungen zu lokalisieren.

Das Auflegen des Schnitts

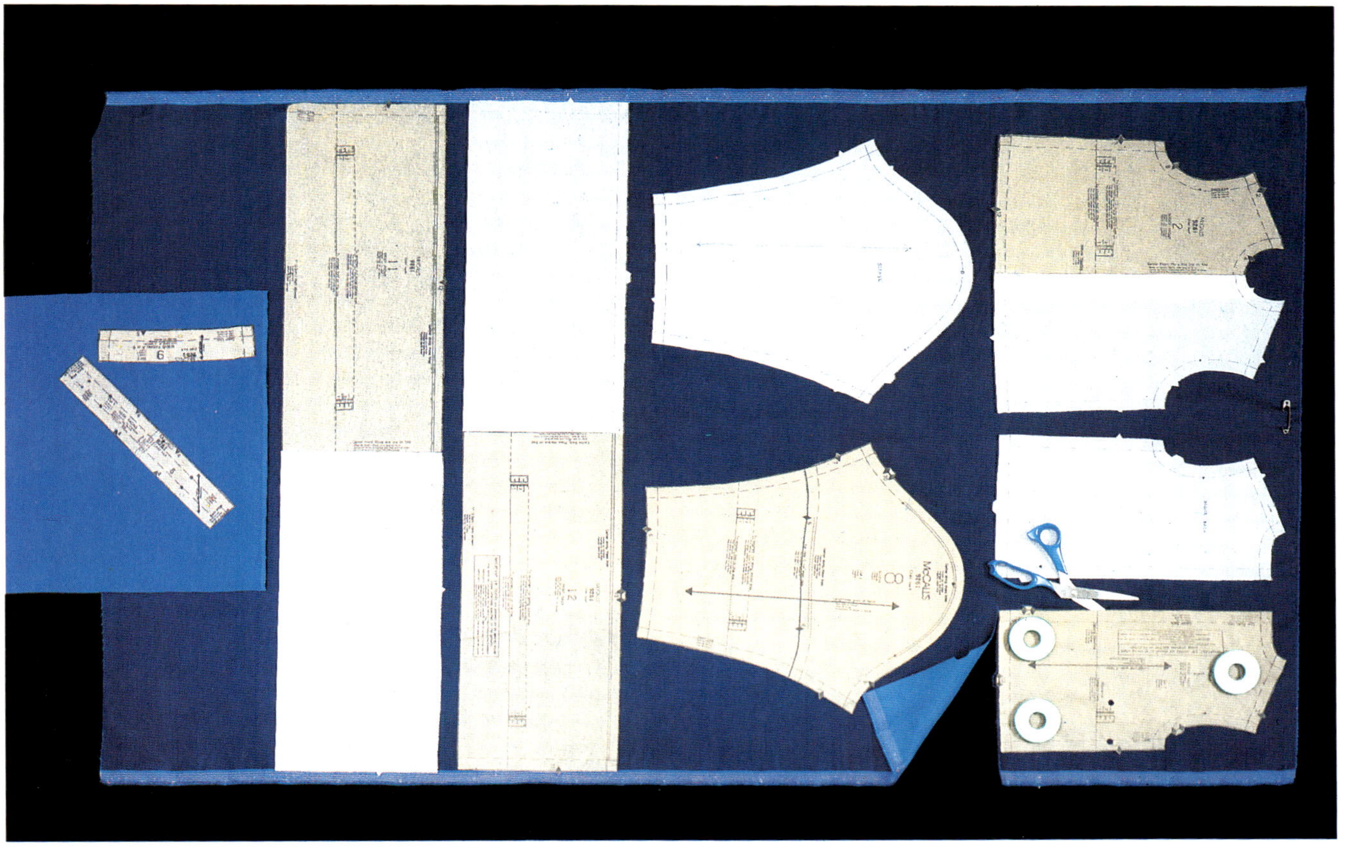

Die Strichrichtung an einer Querkante mit einer Sicherheitsnadel markieren. Alle Schnitteile in derselben Richtung in offener Stofflage auflegen und die einzelnen Teile erst kurz vor dem Zuschneiden im Bereich der Nahtzugaben feststecken oder, besser noch, nur mit Gewichten befestigen. Nahtkerben nicht einschneiden, sondern durch nach außen zeigende Keile kennzeichnen. Um Eindrücke auf dem empfindlichen Flor zu vermeiden, die Stecknadeln nach dem Zuschneiden sofort wieder entfernen. Besätze und Unterkragen eventuell aus leichteren Stoffen zuschneiden.

Einlagen und Unterlegware

Für Baumwollsamt können Sie unter Umständen auch Bügeleinlage verwenden, vorausgesetzt, der Flor wird dabei nicht flachgepreßt. Also ausprobieren! Dazu einen zweiten Samtrest mit der Florseite nach oben legen oder ein dickes Frotteehandtuch unterlegen. Sieht der Flor des Probestücks nach dem Aufbügeln knitterig aus, sollten Sie lieber Näheinlage verwenden. Wenn sich aber nur die Einlagekante abdrückt, ein zweites Stück Einlage mit der Zackenschere beschneiden und den Versuch wiederholen. Bei Glanzsamt sollten Sie dagegen grundsätzlich nur Näheinlage verwenden.

Damit Baumwollsamt nicht so leicht knittert, können Sie ihn mit einem pflegeleichten Stoff (zum Beispiel Baumwoll-Polyester-Batist) unterlegen. Dieser wird genau wie der Oberstoff zugeschnitten und mit einer Zickzacknaht links auf links kantenbündig festgesteppt. Wenn Sie mit einer Overlock arbeiten, müssen Sie die Nahtkerben zuvor auf den Nahtzugaben kennzeichnen, da diese beim Steppen mit abgeschnitten werden.

Bügeln

Alle Samtstoffe, vor allem aber die Glanzsamte, müssen sehr behutsam gebügelt oder gedämpft werden, damit der Flor nicht flachgepreßt wird. Versuchen Sie immer zuerst, ob sich die Nähte nicht auch mit dem Finger ausstreichen lassen. Setzen Sie das Eisen nie direkt auf den Stoff, und lassen Sie die Teile vor der Weiterverarbeitung vollständig auskühlen.

Nähtechniken

Bei Samt sollten Sie unbedingt einige Probenähte steppen. Nur so finden Sie heraus, ob die Maschine beide Stofflagen gleichmäßig transportiert und wie sie eingestellt werden muß, damit sich die Nähte nicht kräuseln. Das Problem der Kräusel bekommen Sie meist schon durch eine leichte Lockerung der Oberfadenspannung in den Griff. Bei ungleichmäßigem Transport können Sie beispielsweise den Nähdruck verringern, einen Obertransportfuß oder Walzenfuß einsetzen oder die Teile mit extrafeinen Stecknadeln oder Nähseide großzügig durchheften. Wichtig ist auch, daß möglichst immer in Strichrichtung gesteppt wird. Aber auch eine gründliche Reinigung der Maschine oder eine neue Nadel können sich positiv auswirken.

Da Samt leicht franst, müssen die Schnittkanten versäubert werden, bei gefütterten Kleidungsstücken zum Beispiel mit der Zackenschere, bei ungefütterten entweder mit der Overlock oder durch Einfassen mit dünnem Schrägband. Bei eingeschlossenen Nähten sollten die Nahtzugaben immer stufig zurückgeschnitten werden, höchstens jedoch auf ca. 6 mm.

Nähte

Die Stofflagen parallel zur Nahtlinie auf den Nahtzugaben aufeinanderstecken. Die Naht mit ca. 2–2,5 mm langen Stichen steppen, dabei die Stecknadeln jeweils rechtzeitig entfernen und den Stofftransport durch leichtes Anziehen der unteren Stofflage unterstützen.

Die Naht etwa alle 5–7,5 cm unterbrechen. Die Nadel im Stoff lassen, den Nähfuß anheben, die obere Stofflage mit einer Nadel unter den Nähfuß schieben, den Nähfuß wieder absenken und weitersteppen.

An schwierigen Rundungen die Naht mit feiner Nähseide alle 2,5 cm mit Rückstichen vorheften. Dann auch hier die Naht wie zuvor beschrieben steppen.

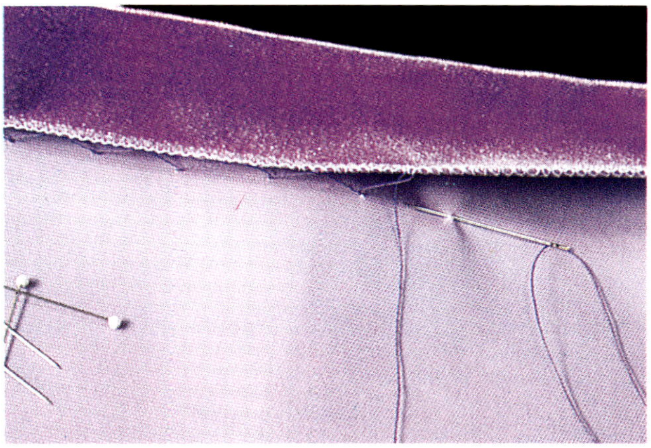

1) **Die Saumzugabe** mit der Overlock oder durch Einfassen versäubern und mit losen hohlen Hexenstichen zwischen den Stofflagen annähen.

2) **Die Saumkante** auf eine Drahtbügeldecke oder rechts auf rechts auf einen Samtrest legen und den Bruch mit einer Nagelbürste einklopfen.

Bügeln

(**a**) Das Teil rechts auf rechts auf einen Samtrest legen. Die Nahtzugaben mit der Hand flachdrücken, mit dem knapp über den Stoff gehaltenen Bügeleisen „in der Luft“ ausdämpfen, *ohne das Eisen aufzusetzen!*

(**b**) Das Teil mit der rechten Seite nach unten auf eine Drahtbügeldecke legen und die Naht wie nebenstehend beschrieben ausdämpfen.

Flachgepreßter Flor läßt sich unter Umständen (nicht bei allen Stoffen!) durch ausgiebiges Dämpfen und vorsichtiges Aufbürsten wieder aufrichten.

Das Kleidungsstück auf einem gepolsterten Kleiderbügel etwa eine halbe Stunde ins dampffeuchte Badezimmer hängen. Dann vollständig trocknen lassen.

Webpelz

Verarbeitungstechniken für Webpelze

Webpelze sind Web- oder Strickstoffe mit einem meist aus Modacryl oder Polyester bestehenden langen Flor, mit dessen Hilfe sich natürliche Felle täuschend echt imitieren lassen. Daneben wird inzwischen auch eine Vielzahl modischer Webpelze angeboten, die es gar nicht darauf anlegen, „echt" auszusehen, sondern im Gegenteil poppig bunt oder phantasievoll gemustert sind. Webpelze haben gegenüber natürlichen Pelzen viele Vorteile: Sie sind leichter, problemlos zu verarbeiten und ausgesprochen pflegeleicht.

Alle Kleidungsstücke, die Kürschner aus natürlichen Fellen herstellen, können Sie mit Webpelzen auf einer ganz normalen Nähmaschine leicht nacharbeiten. Doch sollten Sie nicht unbedingt gleich ein komplettes Kleidungsstück nähen. Details wie Kragen, Ärmelaufschläge oder Kapuzenfutter eignen sich hier zum Ausprobieren und Üben. Da alle Webpelze sehr dick sind, sollten Sie nur schlichte, lose fallende Schnitte mit wenigen, einfachen Nähten, ohne Abnäher, Kräusel oder aufgesetzte Taschen auswählen. Knopfverschlüsse können Sie durch große Druckknöpfe oder Pelzhaken ersetzen.

Schnittauflage, Zuschneiden und Markieren

Vereinfachen Sie den Schnitt, wo immer möglich – so zum Beispiel, indem Sie die Besätze gleich anschneiden. Auf Einlagen können Sie bei diesem stabilen Stoff getrost verzichten. Nahttaschen oder rückwärtige Halsausschnittbesätze sowie Unterkragen werden bei sehr dicken Stoffen aus Futter oder aus Wildlederimitat zugeschnitten.

Zur einfacheren Handhabung die überstehenden Papierkanten des Schnitts für normale Nähte an den Schnittlinien, für auf Stoß gearbeitete Nähte an den Nahtlinien abschneiden. Alle Schnitteile in offener Stofflage dem Zuschneideplan für Strichstoffe entsprechend von *links* auflegen. Bei Echtpelz-Imitationen darauf achten, daß der Strich von oben nach unten läuft und die „Fell"-Schattierungen an den Seitennähten sorgfältig angepaßt werden. Bei anderen Pelzen dagegen können Sie den Stoff ganz nach Belieben ohne Rücksicht auf die Strichrichtung zuschneiden.

Zum Aufstecken des Schnitts brauchen Sie möglichst lange Stecknadeln. Achten Sie beim Zuschneiden darauf, daß der Flor nicht mit beschnitten wird. Am besten geht es mit einer Rasierklinge oder einem Cutter. Danach können die Schnittmarkierungen mit Kreide oder einem Flüssigmarker auf die Rückseite der fertig zugeschnittenen Teile übertragen werden.

Bügeln

Webpelze müssen nur in seltenen Ausnahmefällen gebügelt werden. Nähte, die nicht auf Stoß gearbeitet wurden, können Sie auch einfach mit dem Finger ausstreichen. Übrigens: Flachgepreßter Flor läßt sich im Wäschetrockner wieder aufrichten.

Webpelz zuschneiden

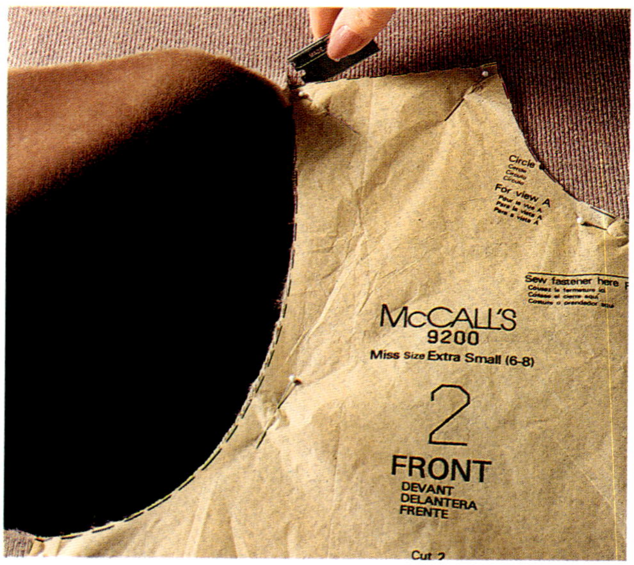

Mit einer Rasierklinge oder einem Cutter läßt sich das Untergewebe schnell und präzise durchtrennen, ohne daß dadurch der Flor beschädigt wird.

Mit einer scharfen Schere kann man Webpelz genauso gut zuschneiden, vorausgesetzt, sie hat dicht schließende Spitzen.

Nähte

Zunächst müssen Nähdruck und Fadenspannung der Stoffdicke angepaßt werden. Steppen Sie dazu einige Probenähte und lockern Sie dabei nach und nach Nähdruck und Fadenspannung, bis Sie ein ausgewogenes Stichbild erhalten. Um den Stofftransport zu unterstützen, möglichst in Strichrichtung steppen und dabei die Florhärchen von den Kanten wegschieben. Langflorige, auf Strickgrund gearbeitete Webpelze sollten auf Stoß genäht werden. Diese Nähte tragen genauso wenig auf wie echte Kürschnernähte und können auch für verstürzte Kanten eingesetzt werden. Webpelze mit kurzem Flor lassen sich auch mit normalen Geradstichnähten verarbeiten. Danach sollte der Flor von den Nahtzugaben abgeschoren werden, um die Naht möglichst flach zu halten.

Webpelz auf Stoss nähen

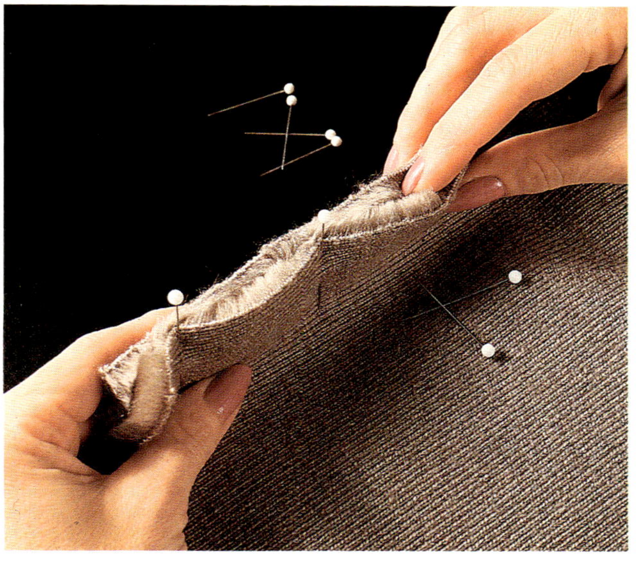

1) **Die Teile** an den Nahtlinien zuschneiden. Den Flor von den Kanten weg nach innen schieben und die Kanten rechts auf rechts aufeinanderstecken.

2) **Die Kanten** mit kurzen, breiten Zickzackstichen (bei der Overlock mit einem 2fädigen Flachstich) aufeinandersteppen. Den Zickzackstich so einstellen, daß der rechte Nadelausschlag knapp über die Kanten greift.

3) **Die Teile** aufklappen und vorsichtig auseinanderziehen, bis die Kanten aneinanderstoßen und die Stiche nur noch als feine Rippe zu erkennen sind.

4) **In die Stiche** gefaßte Florhärchen mit einer Näh- oder Sticknadel herauszupfen und den Flor über der Naht vorsichtig glattbürsten.

Säume

Webpelz sollte grundsätzlich von Hand, möglichst mit zwischen den Stofflagen gearbeiteten hohlen Hexenstichen gesäumt werden. Die fertigen Säume nur mit der Hand glattstreichen, denn zu dieser Stoffart passen leicht gerundete Kanten besser als scharf eingebügelte Knicke. Bei sehr dicken Webpelzen können Sie zur Sicherheit eine doppelte Reihe Hexenstiche arbeiten oder die Kanten mit einem Futterbesatz verstürzen.

Eine Saumkante mit Futter versäubern

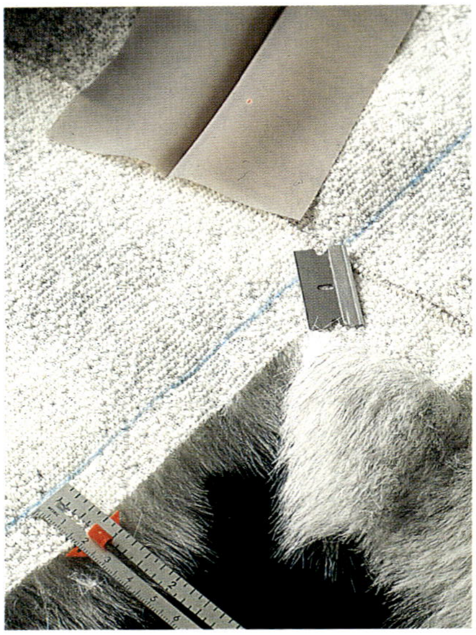

1) **Die Saumzugabe** auf 2 cm zurückschneiden. Für den Besatz einen 10 cm breiten Schrägstreifen aus Futter zuschneiden und der Länge nach doppelt bügeln.

2) **Den Besatz** kantenbündig rechts auf rechts 6 mm breit aufsteppen. In die Naht gefaßte Florhärchen mit einer Nadel vorsichtig herauszupfen.

3) **Den Besatz** und ca. 1,2 cm der Webpelzkante nach innen umlegen. Die obere Besatzkante mit schrägen Saumstichen auf das Untergewebe nähen.

Einen Saum doppelt annähen

1) **Die Schnittkante** begradigen und mit Zickzackstichen versäubern, dabei den Stich so einstellen, daß der rechte Nadelausschlag knapp über die Kante greift.

2) **Den Saum** nach innen umlegen und in der Mitte festheften, dann zurückklappen und mit festem Garn entlang der Heftlinie mit hohlen Hexenstichen locker annähen.

3) **Danach** die obere Kante der Saumzugabe genauso annähen.

Verschlüsse

Die Wahl des Verschlusses richtet sich in erster Linie nach der Länge des Flors. So sind zum Beispiel Reißverschlüsse und Knopflöcher nur für kurzflorige Pelze geeignet, da sich langer Flor in diesen Verschlüssen leicht verfangen würde. Bei langflorigen Stoffen sollten Sie die Knöpfe lieber mit Häkelschlaufen befestigen oder Pelzhaken oder große, in der Grundfarbe des Stoffes bezogene Druckknöpfe kaufen. Angenäht werden diese Verschlüsse mit doppelter, zuvor mit Bienenwachs verstärkter Nähseide.

Reißverschlüsse sollten immer so eingesetzt werden, daß die Schiene freiliegt. So kann sich der Flor nicht zwischen den Zähnchen verklemmen.

Häkelschlaufen zu arbeiten ist ganz einfach: Das Fadenende mit einem Stich im Untergewebe befestigen, dann eine Luftmaschenkette in Knopfgröße häkeln und das zweite Ende festnähen. Für Webpelze sollten Sie Stegknöpfe verwenden oder normale Durchnähknöpfe mit entsprechend langen Garnstegen annähen.

Verschlüsse für Webpelze

Große bezogene Druckknöpfe gibt es in mehreren Farben. Sie sind ein praktischer Ersatz für den üblichen Knopfverschluß.

Pelzhaken gibt es als normale, mit Garn umstickte Haken und Ösen oder auch als extrastabile Klemmhaken, die auch bei stärkerem Zug nicht aufgehen.

Reißverschlüsse nur für kurzflorige Webpelze verwenden und immer von Hand einnähen. Damit die Verschlußkanten nicht auftragen, zuvor den Flor von den Nahtzugaben entfernen.

Strickstoffe

3
4
2
1
6
7
10
9
8

Strickstoff-Arten

Strickstoffe werden nicht von Kett- und Schußfäden, sondern durch ineinander verschlungene Fadenschlaufen gebildet. Das macht den Stoff knitterarm, einfach zu verarbeiten und angenehm zu tragen. Es gibt viele Arten von Strickstoffen, von denen sich die meisten grob in vier Hauptkategorien einordnen lassen.

Feste Strickstoffe dehnen sich so gut wie gar nicht und lassen sich in mancher Hinsicht wie Webstoffe behandeln. Zu dieser Gruppe gehört u.a. die doppelflächige Kulierware **(1)**, deren Maschenbild auf beiden Seiten die gleichen feinen Längsrippen zeigt, so daß es oft schwerfällt, rechte und linke Seite auseinanderzuhalten. Bei der offen gewirkten Struktur der Raschelware **(2)** sorgen fest in den Maschengrund eingebundene Längsfäden dafür, daß sich der Stoff nicht dehnt. Raschelware gibt es in unzähligen Varianten, vom rustikalen Bouclé bis zur feinen Häkelspitze.

Einflächige Kulierware zeigt feine Längsrippen auf der rechten und querlaufende Verschlingungen auf der linken Seite. Wenn man die Querkante leicht dehnt, rollt sie sich automatisch auf die rechte Seite. Einflächige Kulierware wie Single-Jersey **(3)**, Trikot **(4)** oder Interlock **(5)** ist nur in Querrichtung dehnbar.

Strukturierte Strickstoffe gibt es sowohl einflächig als auch doppelflächig. Alle aber haben zumeist auf der rechten Seite eine mehr oder weniger stark ausgeprägte Oberflächenstruktur. So zeigen Wirkfrottier **(6)** und Wirksamt **(7)** das gleiche Warenbild wie ihre gewebten Namensvettern, sind jedoch im Gegensatz zu diesen in Querrichtung stark dehnbar. Zu dieser Kategorie zählt auch die in großer Vielfalt angebotene Pulloverware **(8)**. Bei Jacquardmustern hält sich die Dehnbarkeit dieser Stoffe allerdings wegen der zwischen den Motiven frei geführten Spannfäden in Grenzen. Sweatshirt-Stoff **(9)** zeigt rechts feine Längsrippen und ist auf der linken Seite weich angerauht. Es gibt ihn überwiegend in festeren, nur geringfügig dehnbaren Qualitäten.

Beidseitig dehnbare Strickstoffe haben sowohl in Längs- als auch in Querrichtung hervorragende Dehnungseigenschaften, die sie einem hohen Anteil an Elasthan verdanken. Saugfähige Baumwoll-Elasthan-Stoffe **(10)** mit oder ohne Polyester-Beimischungen werden bevorzugt für Sport- und Gymnastiktrikots verwendet. Nylon-Elasthan-Stoffe **(11)** behalten auch in nassem Zustand ihre Elastizität und sind somit das ideale Material für Badeanzüge.

Rippenstrickstoff ist ein hochdehnbares Material für enganliegende Tops, schmale Röcke und Bündchen aller Art. Er wird oft in Form von Rundstrickware **(12)** angeboten und muß dann vor der Verarbeitung im Rippenverlauf aufgeschnitten werden. Wer sich das Zuschneiden von Bündchen ersparen möchte, kann auf die in verschiedenen Breiten erhältlichen Fertigbündchen **(13)** zurückgreifen.

Verarbeitungstechniken für Strickstoffe

Die Wahl des Schnitts richtet sich nach Gewicht und Elastizität des Stoffs. Unter den Stoffvorschlägen auf der Rückseite der Schnittmustertüte finden Sie neben den Angaben für Webstoffe oft auch Hinweise für die Verwendung von Strickstoffen. Leichte, weiche Stoffe wie Jersey lassen sich gut drapieren und einkräuseln, während festere Qualitäten eine strengere Linienführung verlangen. Bei dicken oder strukturierten Stoffen sollten Sie einen schlichten Schnitt mit möglichst wenigen Nähten und Details wählen, damit der Charakter des Stoffs besser zur Geltung kommt.

Für bestimmte Schnitte brauchen Sie hochelastische Stoffe, so zum Beispiel für enggeschnittene Tops oder Hosen, aber auch für Bade- und Gymnastikanzüge. Bei vielen für Strickstoff vorgesehenen Schnitten finden Sie auf der Rückseite der Schnittmustertüte ein Dehnungslineal, an dem Sie ausprobieren können, ob Ihr Stoff den Anforderungen des Schnitts entspricht.

Bei Strickstoffen werden in der Regel 6 mm breite Nahtzugaben angeschnitten. Unter Umständen sind diese Nahtzugaben bei ausdrücklich für Strickstoffe vorgesehenen Schnitten auch schon angeschnitten. Wenn Sie einen Schnitt mit breiteren Nahtzugaben verwenden, sollten Sie diese ebenfalls auf 6 mm zurückschneiden.

Vorbereiten des Stoffs

Um unangenehmen Überraschungen vorzubeugen, sollten Sie alle pflegeleichten Strickstoffe, mit Ausnahme von Rippenware, vorsichtshalber vorkrumpfen, indem Sie den Stoff den Angaben des Herstellers entsprechend waschen und trocknen lassen. Durch dieses Vorkrumpfen lassen sich meist auch die durch die Lagerung im Ballen entstandenen Brüche entfernen. Wenn nicht, können Sie versuchen, die Brüche durch ausgiebiges Dämpfen herauszubekommen. Wenn auch das nicht hilft, bleibt Ihnen nichts anderes übrig, als den Stoff so zuzuschneiden, daß der Bruch später so wenig wie möglich zu sehen ist.

Zum Begradigen des Stoffs wird rechtwinklig zur Webkante eine Linie eingezeichnet und der überstehende Stoff dann entlang dieser Linie abgeschnitten.

Einen Strickstoff auf Schnitteignung überprüfen

Schnittgerechte Stoffe lassen sich problemlos über die gesamte Länge des Lineals ausdehnen. Zur Probe den Stoff ca. 10 cm breit quer falten und den Bruch an das Lineal halten. Bei beidseitig dehnbaren Stoffen auch die Längsdehnung überprüfen.

Ungeeignete Stoffe müssen über Gebühr gedehnt werden, um den Anforderungen des Schnitts zu genügen. Wenn sich die Rippen verziehen und die gedehnte Stoffkante sich unter der Belastung umlegt, ist der betreffende Stoff für den Schnitt nicht elastisch genug.

Bügeln

Strickstoffe nie quer, sondern immer in Längsrichtung dem Maschenverlauf folgend und mit möglichst niedriger Temperatur bügeln. Das Eisen nicht über den Stoff schieben, sondern Stück für Stück aufsetzen. Den Stoff auf der Bügelunterlage vollständig auskühlen lassen.

Pulloverware sollte besser gar nicht gebügelt, sondern nur gedämpft werden. Dazu das Bügeleisen dicht über den Stoff halten, aber nicht aufsetzen, und den Dampf einwirken lassen. Auch hier den Stoff wieder vollständig auskühlen lassen.

Schnittauflage

Aufgrund ihrer Konstruktionsweise haben alle Strickstoffe eine eindeutige Richtung, die sich optisch vor allem in unterschiedlichen Farbschattierungen bemerkbar macht. Strickstoffe müssen daher wie Stoffe mit Strich behandelt werden.

Bevor Sie Ihren Schnitt auflegen, sollten Sie beide Schnittkanten leicht dehnen, um zu sehen, welche Kante anfälliger für Laufmaschen ist. In Richtung dieser Kante werden dann die unteren Kanten der einzelnen Schnittteile aufgelegt, da diese am wenigsten durch Dehnung strapaziert werden und die Gefahr der Laufmaschenbildung hier relativ gering ist.

Achten Sie darauf, daß der Stoff nicht über die Tischkante hängt, weil er sich sonst leicht verzieht. Sollte die Fläche zu klein sein, ist es besser, den vorerst nicht benötigten Teil aufzurollen. Dicke oder strukturierte Stoffe lassen sich leichter in einfacher Stofflage zuschneiden. Legen Sie dazu den Stoff mit der linken Seite nach oben auf, diese ist glatter und läßt sich besser markieren. Bei locker gewirkten Strickstoffen empfiehlt es sich, die Schnitteile mit Gewichten zu halten, da Stecknadeln leicht durch die Maschen fallen.

Einlagen

Vor allem stark strapazierte Bereiche, wie Schlitze oder Knopflöcher, sowie Formteile, wie Kragen oder Taschenklappen, sollten mit Einlage unterlegt werden. Verwenden Sie dazu eine weiche, dehnbare Einlage, die sich der Elastizität des Stoffs anpaßt.

Einlagen für Strickstoffe

Aufbügelbare Jersey-Einlage ist in Querrichtung leicht dehnbar und gibt dem Stoff Halt und Volumen, ohne ihn zu versteifen. Jersey-Einlage eignet sich vor allem zur Verstärkung von Taschen, Schlitzen und Manschetten.

Dehnbare Nichtweb-Einlage stabilisiert den Stoff in Längsrichtung, ist jedoch in Querrichtung dehnbar. Mit dieser Einlage lassen sich weich und nachgiebig zu formende Bereiche wie Kragen, Halsausschnittkanten, Besätze und Reißverschlußschlitze verstärken.

Nadeln, Garne, Stichgröße

Nadelgröße, Stichlänge und Garntyp richten sich nach Art und Gewicht des Stoffs. In der untenstehenden Tabelle finden Sie eine Zusammenstellung der für die verschiedenen Stoffgruppen geeigneten Nadeln, Stichlängen und Garne. Bei Strickstoffen mit hohem Synthetik-Anteil sollten Sie die Nadel öfter wechseln, da Kunstfasern die Spitze stark strapazieren und leicht stumpf werden lassen.

Maschinennadeln für Strickstoffe

Genauso wichtig wie die richtige Nadelgröße ist die Art der Nadel. Für locker gewirkte Strickstoffe können Sie unter Umständen auch ganz normale spitze Nadeln **(1)** benutzen, wie sie auch für Webstoffe verwendet werden. Für feste, engmaschige Strickstoffe oder für Strickstoffe aus reinen Kunstfasern allerdings sind diese Nadeln ungeeignet, da die Spitze nur schwer durch den Stoff dringt und dabei die Fasern leicht splittet. Nadeln mit abgerundeter Spitze **(2)** dagegen sind für Strickstoffe ideal, denn ihre stumpfe Spitze gleitet problemlos zwischen den Maschen hindurch, ohne die Fasern zu beschädigen. Sobald Sie merken, daß die Nadel am Stoff reißt, sollten Sie zu einer solchen Nadel mit abgerundeter Spitze überwechseln oder es vielleicht auch erst einmal mit einer Mehrzwecknadel **(3)** versuchen. Diese Nadeln haben eine leicht entschärfte Spitze und lassen sich sowohl für Web- als auch für Strickstoffe einsetzen.

TIPS FÜR NADELN, GARNE UND STICHGRÖSSE

Nadeln, Garn und Sticheinstellung	Leichte Stoffe	Mittelschwere Stoffe	Schwere, dicke Stoffe
Maschinennadeln Größe und Typ	Größe 70 – 80, Rundnadel oder Mehrzwecknadel	Größe 90, Rundnadel oder Mehrzwecknadel	Größe 90, Rundnadel oder Mehrzwecknadel
Stiche/cm	4–6	3–5	3–5
Sticheinstellung/mm	2–2,5	2,5–3	2,5–3
Nähgarn	extrafeines Polyester- oder Baumwoll-Polyester-Garn	Mehrzweck-Polyester- oder Polyester-Baumwoll-Garn	Mehrzweck-Polyester- oder Polyester-Baumwoll-Garn

Geradstichnähte. Den Stoff während des Steppens dehnen. Dazu den Stoff jeweils mit der linken Hand hinter dem Nähfuß und mit der rechten Hand davor festhalten, aber *nicht durch die Maschine ziehen,* sonst könnte die Nadel brechen oder der Stoff beschädigt werden.

Zickzacknähte. Einen schmalen Zickzackstich einstellen und den Stoff während des Steppens leicht dehnen. Zur Versäuberung die Nahtzugaben auf 6 mm zurückschneiden und mit normalen Zickzackstichen, einem 3stufigen Zickzackstich oder einer Overlock-Naht aufeinandersteppen.

3fädige Overlock-Naht. Diese Naht ist dank der besonderen Art der Fadenverschlingung sehr elastisch und damit für Strickstoffe besonders gut geeignet. Zudem sorgt sie für eine sichere Befestigung der Spannfäden gemusterter Stoffe.

2fädige Overlock-Flachnaht. Die Teile *links auf links* aufeinandersteppen und vorsichtig auseinanderziehen. Diese Naht eignet sich auch als nicht auftragende Innennaht für schwere und dicke Stoffe. In diesem Fall werden die Teile rechts auf rechts gesteppt.

Überwendlings-Stretchnaht. Stretchnähte wie diese Überwendlingsnaht sind bei vielen modernen Nähmaschinen bereits fester Bestandteil des Nutzstichangebots. Sie sind hochelastisch und strapazierfähig, eignen sich daher vor allem für Nähte in stark belasteten Bereichen.

Nähte stabilisieren

Obwohl die meisten Nähtechniken für Strickstoffe darauf abzielen, die natürliche Elastizität der Stoffe zu erhalten, gibt es doch Bereiche, wie etwa Schulterkanten, Halsausschnitt oder Taille, in denen diese Dehnbarkeit gar nicht so erwünscht ist. Und so gibt es verschiedene Techniken, Nähte dauerhaft zu stabilisieren – sei es, um ihre Form zu erhalten, sie haltbarer zu machen oder auch nur den Stoff am Ausdehnen zu hindern.

Strickstoffnähte stabilisieren

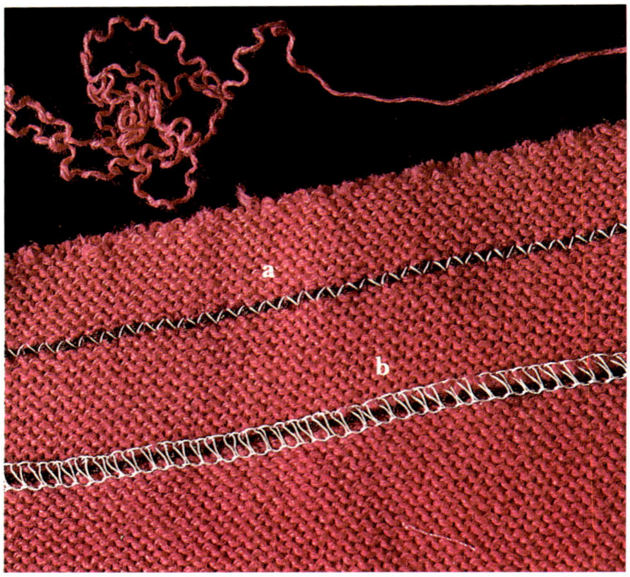

Durch einen Faden. Einen farblich passenden festen, starken Faden (Knopflochseide) auf die Nahtlinie legen und mit einer Zickzack- **(a)** oder Overlock-Naht **(b)** übersteppen. Sie können aber auch einen unbeschnittenen Stoffrest aufribbeln und glätten.

Mit Gummiband. Eine Technik, die sich vor allem für in beiden Richtungen dehnbare Stoffe eignet. 3 mm breites Gummiband mit Geradstichen **(a)** auf die Nahtlinie steppen, dabei Stoff und Gummiband leicht dehnen. Auf der Overlock das Gummiband mit einem ausreichend breiten Überwendlingsstich **(b)** aufsteppen.

Durch Absteppen. Die Nahtzugaben zur Seite bügeln. Die Naht von rechts knappkantig durch alle Stofflagen steppen. Besonders geeignet für leichte, einflächige Stoffe mit flacher, gering strukturierter Oberfläche.

Durchsteppen der Nahtrille. Die Nahtzugaben auseinanderbügeln. Dann mit normaler Stichlänge durch die Nahtrille steppen. Mit dieser Methode lassen sich dicke oder feste Strickstoffe stabilisieren.

Säume

Säume können Sie unauffällig von Hand nähen, auf einer normalen Nähmaschine oder einer Overlock blindsäumen oder auch bewußt als dekoratives Element einplanen. So erhalten Sie durch Absteppen mit Geradstichnähten, Zwillingsnadeln oder Zickzackstichen stabile und funktionelle Säume zum Beispiel für Sport- oder Freizeitkleidung. Beim Säumen darf der Stoff allerdings *nicht gedehnt* werden.

Strickstoffe säumen

Hohle Hexenstiche. Durch die doppelte Verkreuzung der Stiche erhalten die Nähte genügend Elastizität. Gearbeitet wird von links nach rechts: Etwa 6–8 mm unterhalb der Schnittkante abwechselnd in Saumzugabe und Oberstoff in Abständen von ca. 6 mm kleine, lockere Rückstiche arbeiten.

Blindsäumen mit der Nähmaschine. Die Saumkante nach innen umlegen. Dann beide Stofflagen so nach außen umklappen, daß die Saumkante ca. 5 mm übersteht. Beim Steppen den Stoff so führen, daß der Oberstoff nur knapp von den Zickzackstichen erfaßt wird. Die Saumnaht leicht anbügeln.

Blindsäumen mit der Overlock. Einen 2fädigen Overlock-Stich einstellen und die Messer ausschalten. Den Saum wie rechts oben beschrieben umlegen. Den Saum so ansteppen, daß die Überwendlingsstiche die Saumkante versäubern, gleichzeitig den Oberstoff gerade noch erfassen.

Absteppen mit Zwillingsnadeln. Den Saum umlegen. Die Saumkante von rechts durch beide Stofflagen hindurch absteppen. Die überstehende Saumzugabe bis an die Naht zurückschneiden. Die Zwillingsnadeln bilden zwei parallele Geradstichnähte, die innen durch Zickzackstiche verbunden werden.

Absteppen. Den Saum umlegen. Die Saumkante im gewünschten Abstand durch beide Stofflagen hindurch mit Knopflochseide und größeren Stichen von rechts absteppen. Eine zweite Steppreihe sorgt dafür, daß sich die Kante nicht einrollt. Die überstehende Saumzugabe bis an die obere Naht zurückschneiden.

Kantenversäuberungen

Bei Strickstoffen können Sie die Kanten mit Rippenbündchen (**1**), Blenden (**2**) oder Paspeln (**3**) versäubern. Wenn Sie keine Fertigbündchen in einer zum Stoff passenden Farbe oder in der gewünschten Breite bekommen, können Sie die Bündchen auch aus Rippenstrickstoff selbst zuschneiden. Blenden und Paspeln können aus dem gleichen Stoff wie das Kleidungsstück oder auch aus einem kontrastfarbenen Stoff angefertigt werden.

Rippenbündchen

Rippenstrickstoff, ganz gleich ob Meterware oder Fertigbündchen, hat je nach Qualität sehr unterschiedliche Dehnungseigenschaften. Je dehnbarer aber der Stoff, desto enger können Sie die Bündchen zuschneiden. Aus diesem Grund sollten Bündchen immer nur nach Körpermaß zugeschnitten werden.

Dazu werden die mit reichlichen Zugaben zugeschnittenen Bündchenteile um Hals, Taille, Hand- oder Fußgelenk herumgelegt, abgesteckt und zur Probe abgestreift. Dabei muß das Bündchen für einen Halsausschnitt oder Rollkragen beispielsweise so weit sein, daß es bequem über den Kopf gezogen werden kann. Nach der Anprobe können Sie die Nahtzugaben auf 1,2 cm zurückschneiden.

Auch wenn der Schnitt eigentlich keine Bündchen vorsieht, können Sie die Kanten auf Wunsch mit Bündchen versäubern. Dazu wird die zu versäubernde Kante sorgfältig ausgemessen und zuzüglich 1,2 cm für die Nahtzugaben zugeschnitten. Danach wird das Bündchen aufgesteckt und die Länge wie oben beschrieben überprüft. Bei sehr elastischen Bündchen brauchen Sie an kurzen Kanten in der Regel etwa 3/4, zur Versäuberung langer Kanten ca. 2/3 der Länge, jeweils plus Naht- bzw. Saumzugaben. Für Hand- oder Fußgelenke werden die Bündchen genau auf Körpermaß plus Nahtzugaben zugeschnitten.

Blenden

Statt der Rippenbündchen können Sie auch Blenden ansetzen, die der größeren Elastizität wegen möglichst quer zugeschnitten werden sollten. Für Halsausschnitte sollte sich der Blendenstoff um mindestens 25 Prozent dehnen lassen, ein 25 cm langes Stück also auf etwa 32 cm. Die Blenden werden genau auf Kantenlänge plus Naht- und Saumzugaben zugeschnitten und wie beim Bündchen aufgesteckt und angepaßt.

Paspeln

Anstelle von Besätzen oder Saumzugaben können Sie die Kanten auch mit schmalen Paspeln versäubern. Da Paspeln nicht so stark nachgeben wie Bündchen oder Blenden, sollten Sie sie allerdings nur für weite Ausschnitt-, Verschluß- oder Saumkanten verwenden. Und damit die Paspel schön flach anliegt, sollte die fertige Breite nicht mehr als 1,2 cm betragen.

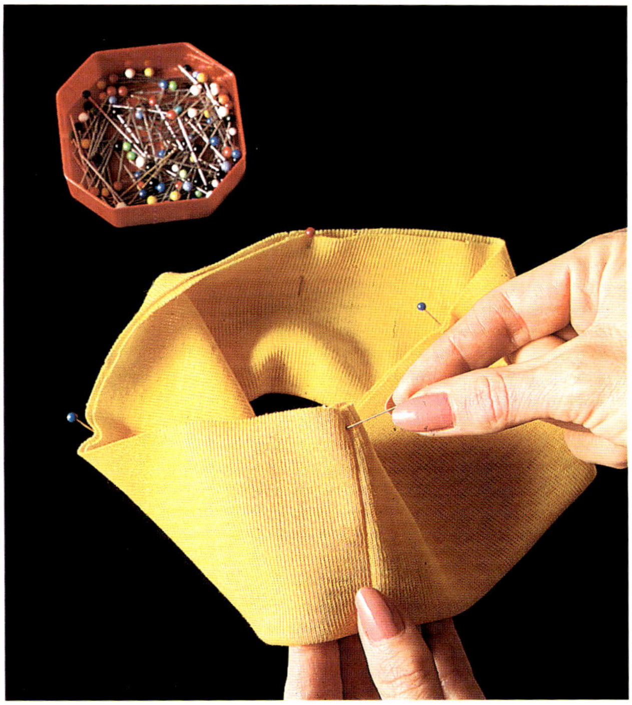

1) Das Bündchen 6 mm breit zur Rundung steppen, der Länge nach doppelt legen und, an der Naht beginnend, in vier gleiche Abschnitte aufteilen. Die Teilungspunkte auf den Nahtzugaben mit Stecknadeln markieren.

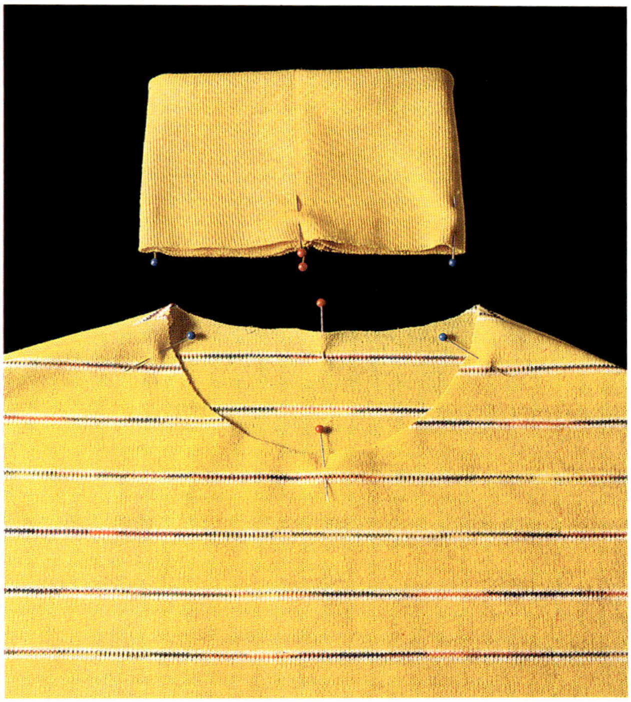

2) Die Nahtzugaben der Ausschnittkante auf 6 mm zurückschneiden. Die Kante von der vorderen oder hinteren Mitte aus ebenfalls in vier Abschnitte aufteilen und die Teilungspunkte mit Stecknadeln markieren.

3) Das Bündchen Stecknadel auf Stecknadel treffend von rechts kantenbündig so aufstecken, daß die Bündchennaht in der rückwärtigen Mitte liegt.

4) Das Bündchen von der Bündchenseite aus 6 mm breit mit Überwendlingsstichen oder einem 3fädigen Overlock-Stich aufsteppen, dabei jeweils zwischen den Stecknadeln auf Kantenweite dehnen. Die Nahtzugaben in das Teil gerichtet bügeln.

Blenden ansetzen

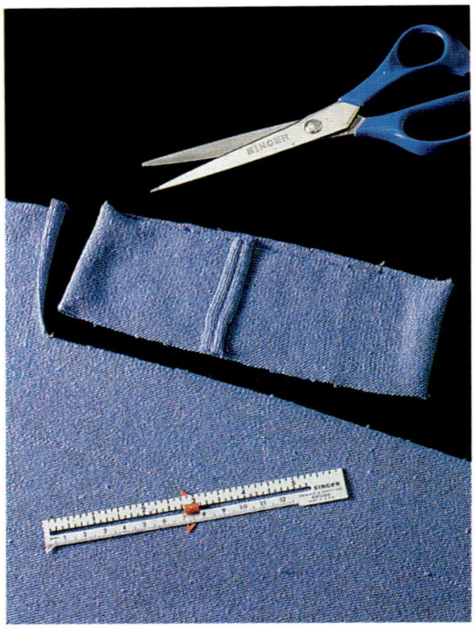

Geschlossene Kanten. 1) Die Blende quer (bzw. in Richtung der größten Dehnbarkeit) auf Kantenlänge und das Doppelte der fertigen Breite, jeweils plus 1,2 cm für die Nahtzugaben, zuschneiden. Die Blende auf die Kante stecken und die Länge überprüfen, eventuell kürzen, damit sie möglichst flach anliegt. Die Schmalkanten 6 mm breit aneinandersteppen.

2) **Die Blende** der Länge nach links auf links doppelt legen. Blenden- und Ausschnittkanten in vier gleiche Abschnitte aufteilen (S. 121). Die Nahtzugaben der Ausschnittkante auf 6 mm zurückschneiden.

3) **Die Blende** rechts auf rechts kantenbündig aufstecken und von der Blendenseite aus 6 mm breit aufsteppen, dabei jeweils zwischen den Stecknadelmarkierungen auf Kantenweite dehnen.

Kanten paspeln

Geschlossene Kanten. 1) Die Paspel in Kantenlänge auf das Vierfache der fertigen Breite zuschneiden. Beiden Enden eine der Zuschnittbreite der Paspel entsprechende Nahtzugabe anschneiden. Die Nahtzugaben der Ausschnittkante abschneiden.

2) **Die Paspel** in der gewünschten fertigen Breite kantenbündig rechts auf rechts aufsteppen. Dabei Anfang und Ende der Paspel vorerst lose lassen. An einwärtigen Rundungen die Paspel auf Kantenweite dehnen.

3) **Ein Ende** der Paspel zur Außenkante hin schräg in eine Falte legen und kantenbündig auf das zweite Ende stecken. Den Faltenbruch anzeichnen, die Nahtzugaben auf 6 mm zurückschneiden und die Paspelenden aufeinandersteppen.

4) **Die Nahtzugaben** in das Teil gerichtet bügeln und die Blendenansatznaht von rechts knappkantig ebenfalls gedehnt absteppen, dabei die Nahtzugaben mitfassen.

Offene Kanten. Die fertig zugeschnittene Blende rechts auf rechts doppelt legen und die Schmalkanten 6 mm breit aufeinandersteppen. Die Blende wenden und kantenbündig rechts auf rechts so aufstecken, daß das untere Ende auf die fertige Saumkante trifft. Die Blende mit 6 mm breiten Nahtzugaben aufsteppen, an Rundungen auf Kantenweite dehnen. Die Ansatznaht bügeln und absteppen, wie unter Punkt 4 beschrieben.

4) **Die Nahtzugaben** der Schrägnaht auseinanderbügeln. Die Paspel fertig aufsteppen und die Nahtzugaben der Ansatznaht in das Teil gerichtet bügeln. Die Paspel in der Ansatznaht nach innen umlegen.

5) **Die Paspelansatznaht** von rechts in der Nahtrille durchsteppen, dabei die innere Paspelstofflage mitfassen. Die überstehenden Nahtzugaben bis dicht an die Naht zurückschneiden.

Offene Kanten. Die Paspel wie beschrieben aufsteppen, dabei die Nahtzugaben der Enden auf 1,2 cm zurückschneiden und um die Verschlußkante herum nach innen leicht abgeschrägt umlegen (siehe Abb.). Die Ansatznaht absteppen und die Nahtzugaben zurückschneiden.

Gummizüge

Ein Gummizug als Taillenabschluß ist für Strickstoffe geradezu ideal, paßt er sich doch, im Gegensatz zum festen Taillenbund, perfekt der Elastizität des Stoffes an. Sie können das Gummiband wahlweise ein- oder mehrreihig in entsprechend breite Tunnel einziehen oder auch direkt auf den Stoff steppen. Gummizüge eignen sich natürlich genauso gut für Ärmel- oder Beinabschlüsse. Selbst bei Schnitten, für die eigentlich normale Bündchen vorgesehen waren, können Sie derartige Gummizüge arbeiten, indem Sie den dafür vorgesehenen Kanten einfach entsprechend breite Tunnel anschneiden.

Gummiband einziehen

1) **Die Breite** des Tunnels anzeichnen: Für jede Reihe Gummiband 1x die Gummibandbreite (in unserem Fall 1,2 cm) plus 3 mm Spiel anrechnen, dieses Maß für den Besatz verdoppeln und dem Gesamtmaß 6 mm Nahtzugabe hinzurechnen.

2) **Alle Längsnähte** schließen, dabei im Bereich des Tunnelbesatzes eine Naht vorläufig offenlassen. Den Besatz an der Bruchlinie nach innen umlegen.

3) **Den Besatz** 6 mm von der Schnittkante entfernt feststeppen. Dann in 1,5 cm breiten Abständen die Tunnelnähte steppen.

Gummiband aufsteppen

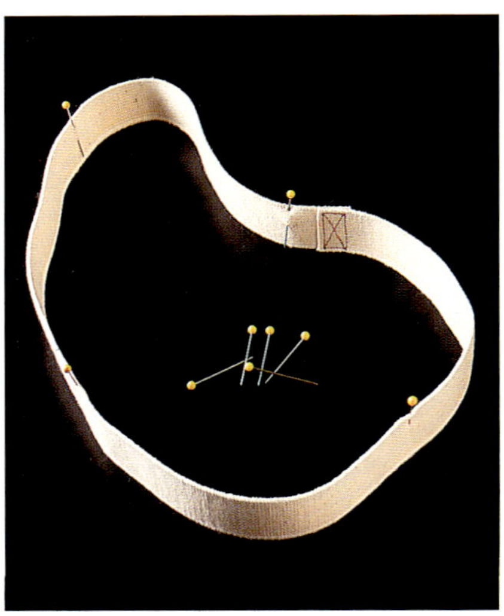

1) **Das Gummiband** etwas enger als die Taillenweite zuschneiden, die Enden aufeinandersteppen. Gummiband in vier gleiche Abschnitte aufteilen und mit Stecknadeln markieren.

2) **Den Taillenbesatz** in Gummibandbreite anschneiden und ebenso wie das Gummiband in vier gleiche Abschnitte aufteilen und markieren.

3) **Das Gummiband** von links kantenbündig und Stecknadel auf Stecknadel treffend auf den Besatz stecken.

Ganz gleich, ob Sie das Gummiband einziehen oder aufsteppen, für beide Techniken brauchen Sie ein haltbares, möglichst gewebtes oder gewirktes Gummiband, das sich im Gegensatz zu geflochtenen Gummibändern unter Dehnung nicht zusammenzieht. Vor allem zum Aufsteppen sind geflochtene Gummibänder absolut ungeeignet, da die Gummifäden durch die Nadel zu leicht beschädigt werden. Soll das Gummiband dagegen eingezogen werden, spielt die Art des verwendeten Gummibands keine so große Rolle, wobei quergeripptes allerdings den Vorteil hat, daß es sich nicht einrollen oder verdrehen kann.

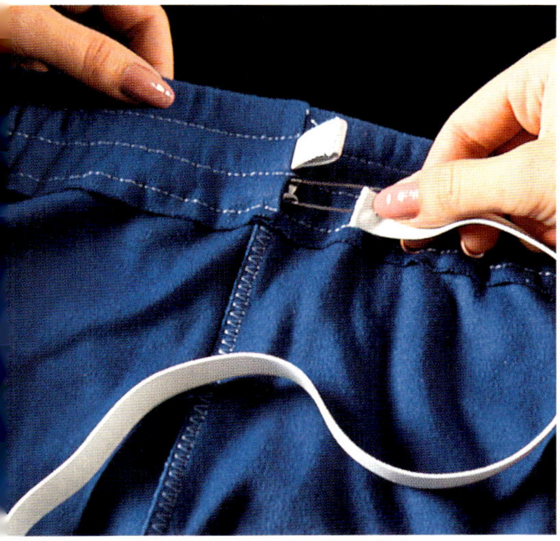

4) **Die Gummibänder** mit Hilfe einer Durchzugs- oder Sicherheitsnadel in die einzelnen Tunnel einziehen. Die Gummibandenden fest aufeinandernähen. Die Gummibänder in die Tunnel gleiten lassen und die Weite gleichmäßig verteilen.

5) **Die Längsnähte** im Bereich des Gummizugs in der Nahtrille durchsteppen, damit sich das Gummiband nicht einrollen oder verdrehen kann.

6) **Die Weite** zwischen den Nähten noch einmal verteilen.

4) **Das Gummiband** mit Geradstichen, Zickzackstichen oder einer Overlock-Naht auf den Besatz steppen. Dabei das Gummiband zwischen den Stecknadeln auf Kantenweite dehnen.

5) **Besatz und Gummiband** nach innen umlegen und feststecken. Den Besatz mit Geradstichen oder schmalen Zickzackstichen knappkantig feststeppen, dabei das Gummiband wieder auf Kantenweite dehnen.

Poloverschlüsse

Polokragen mit eingesetzter Knopfleiste erfreuen sich vor allem bei Sport- und Freizeitkleidung größter Beliebtheit. Sie können den Kragen zwar auch selbst zuschneiden, aber schneller und einfacher geht es mit einem Fertigkragen, und das sieht mindestens ebensogut aus.

Wenn Sie einen Fertigkragen verwenden, sollten Sie ihn zum Vergleich auf das Schnitteil legen. Unter Umständen müssen Sie ihn an der Halsausschnittkante noch in Form schneiden (die feste Kante des Kragens ist die äußere Kragenkante). Es macht jedoch nichts, wenn der Kragen etwas kürzer ist als die Halsausschnittkante. Dann müssen Sie ihn während des Ansetzens lediglich etwas dehnen.

Für maschinell gesteppte Knopflöcher sollten Sie eine größere Sticheinstellung wählen als bei Webstoffen. Die Stiche dürfen bei Strickstoff nämlich nicht zu eng nebeneinander liegen, sonst verzieht sich der Stoff, und die Kanten werden wellig.

Tips für Knopflöcher in Strickstoffen

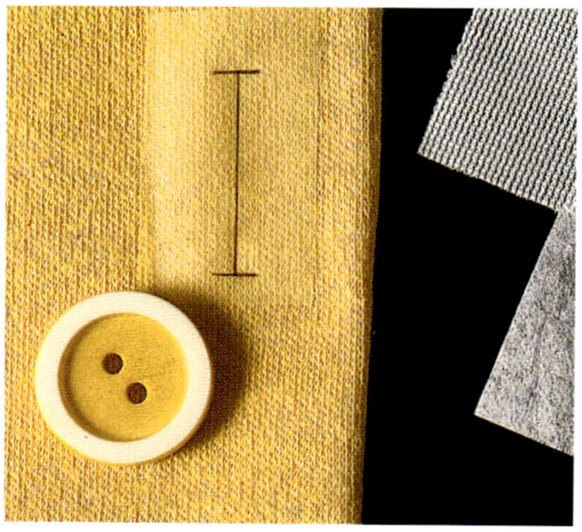

Das Knopfloch von rechts mit einem Streifen Tesafilm markieren. Auf die Rückseite des Stoffs der Markierung entsprechend Organza oder Seidenpapier unterheften, damit sich der Stoff nicht ausdehnt.

Das Knopfloch durch den Tesafilmstreifen hindurch genau im Maschenverlauf steppen. Waagerechte Knopflöcher sind für Strickstoffe ungeeignet, da die Kanten selbst bei festen Stoffen fast immer wellig geraten.

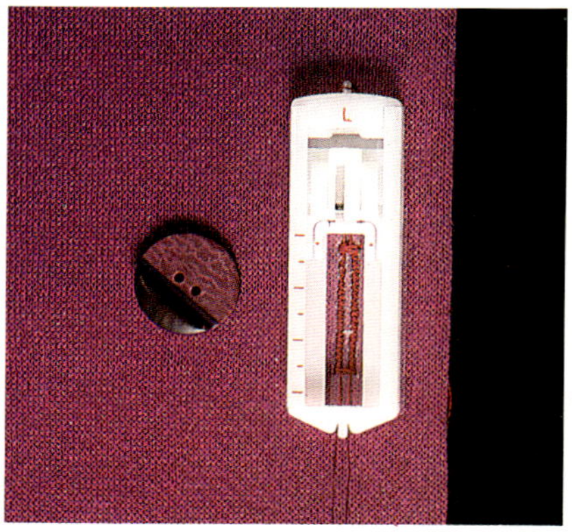

Zur Verstärkung Knopflochseide über den Stift am hinteren Ende des Knopflochfußes schlingen, die Fadenenden nach vorn legen, nach dem Steppen anziehen, dann nach innen durchziehen und verknoten.

1) **Den Besatz** mit Jersey-Einlage verstärken und beidseitig der Schlitzlinie rechts auf rechts auf das Vorderteil steppen; die Nähte zum Schlitzende hin mit kleinen Stichen in eine feine Spitze auslaufend steppen. Den Schlitz einschneiden.

2) **Den Besatz** nach links umbügeln, am Untertritt genau in der Nahtlinie, am Übertritt leicht nach innen gerollt. Die Kanten leicht dämpfen.

3) **Am Schlitzende** alle Stofflagen von rechts mit einem etwa 6 x 25 mm großen Rechteck aufeinandersteppen. Die Schulternähte schließen.

4) **An Fertigkragen** und Halsausschnitt die rückwärtige Mitte sowie die vorderen Kragenansatzzeichen markieren.

5) **Den Kragen** rechts auf rechts auf den Halsausschnitt stecken. Den Schlitzbesatz nach außen umlegen und über die vorderen Kragenkanten auf den Halsausschnitt stecken.

6) **Den Kragen** mit 6 mm Nahtzugabe auf den Halsausschnitt steppen. Die Nahtzugaben an den Schlitzecken schräg zurückschneiden.

7) **Den Besatz** wenden. Die Nahtzugaben ins Teil gerichtet bügeln. Die Kragenansatznaht zwischen den Besatzkanten von rechts mit Zwillingsnadeln absteppen, die rechte Nadel sollte genau in der Nahtrille steppen.

8) **Bei nicht abgesteppter Ansatznaht** die Nahtzugaben im Bereich des Kragens mit Zickzackstichen aufeinandersteppen. In den Übertritt die Knopflöcher einarbeiten und die Knöpfe auf den Untertritt nähen.

Register